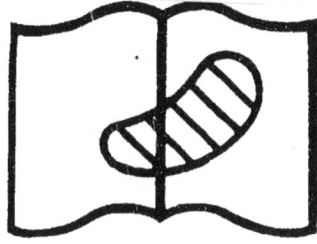

Original en couleur

NF Z 43-120-8

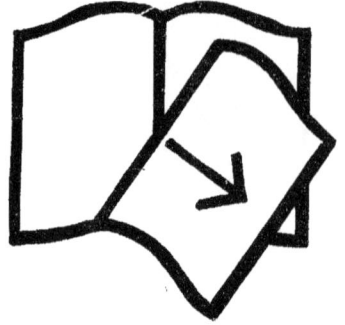

Couverture inférieure manquante

CONGRÈS BIBLIOGRAPHIQUE INTERNATIONAL

Tenu à Paris du 13 au 16 avril 1898

SOUS LES AUSPICES DE LA SOCIÉTÉ BIBLIOGRAPHIQUE

PALÉOGRAPHIE ET DIPLOMATIQUE

DE 1888 A 1897

PAR

M. Maurice PROU

Bibliothécaire au Cabinet des Médailles

(EXTRAIT DU COMPTE RENDU DES TRAVAUX)

PARIS

AU SIÈGE DE LA SOCIÉTÉ

5, Rue Saint-Simon, 5

1899

à monsieur L. Delisle,
membre de l'Institut,
hommage du très profond
respect
M. Prou

PALÉOGRAPHIE ET DIPLOMATIQUE

DE 1888 A 1897 [1]

Longtemps la paléographie n'a été considérée que comme une partie de la diplomatique. En effet, l'étude de l'écriture des actes est un élément essentiel de leur critique. Mais par un autre côté la paléographie dépasse le cadre de la diplomatique, en tant qu'elle a pour but le déchiffrement et la classification des manuscrits autres que les documents de chancellerie. Cependant, au point de vue bibliographique, il serait difficile de séparer ces deux sciences, car il n'y a pas d'ouvrage de paléographie, et spécialement les recueils de fac-similés, qui ne puisse servir aussi aux études diplomatiques.

Les progrès accomplis en ces dernières années par la photographie ont singulièrement contribué au développement des études paléographiques; car en même temps qu'ils ont permis de donner des fac-similés plus exacts, et même absolument fidèles, l'abaissement du prix de ces fac-similés les a rendus accessibles à tous et en a favorisé la diffusion. On peut maintenant faire usage dans les

1. Nous avons pris comme base de cette esquisse bibliographique les rapports publiés dans les *Jahresberichte der Geschichtswissenschaft* de M. J. Jastrow, par Wattenbach, pour la paléographie (t. XII, *Abth.* IV, p. 59-67 ; XIII, p. 80-86 ; XIV, p. 95-100 ; XV, p. 74-79 ; XVI, p. 108-112 ; XVII, p. 101-106 ; XVIII, p. 116-121) ; et par M. H. Bresslau pour la diplomatique (XI, *Abth.* IV, p. 56-82 ; XV, p. 80-110 ; XIX, p. 122-158) ; la bibliographie publiée annuellement depuis 1889 dans la *Deutsche Zeitschrift für Geschichtswissenschaft* ; les sommaires de périodiques publiés dans le *Moyen Age*, et le *Répertoire méthodique du moyen âge français* (1894 et 1895), rédigé par M. A. Vidier, et annexé à cette revue ; les listes de *Livres nouveaux* dans la *Bibliothèque de l'École des Chartes* ; les catalogues de la Bibliothèque nationale, etc.

Pour la bibliographie de la paléographie, en tant qu'elle se rapporte à l'antiquité, l'on consultera *Bericht über die auf Paläographie und Handschriftenkunde bezügliche Litteratur der Jahre 1874-1896 von Dr R. Beer und Dr W. Weinberger*, dans *Jahresbericht über die Fortschritte der classischen Altertumswissenschaft*, t. 98, p. 187-310.

MM. les conservateurs et bibliothécaires des départements des Imprimés et des Manuscrits de la Bibliothèque nationale me permettront de les remercier de l'obligeance inépuisable avec laquelle ils ont favorisé mes recherches.

Je dois une reconnaissance particulière à mes amis MM. G. Ledos, A. Marignan et H. Omont, pour l'aide qu'ils m'ont donnée.

cours, de planches qui permettent à tous les élèves de suivre les explications données par le professeur.

Il y a dix ans, M. le comte A. de Bourmont rappelait dans son rapport présenté au Congrès bibliographique l'extension de l'enseignement paléographique. Cet enseignement n'a cessé de se propager. Maintenant, dans la plupart des Facultés des lettres, en France, la paléographie possède une chaire, conférence ou cours supplémentaire. Quelques professeurs ont publié leur leçon d'ouverture, dans laquelle ils ont fait ressortir l'utilité pour les historiens et les philologues, la nécessité même de la connaissance et du déchiffrement des anciennes écritures. La leçon prononcée par M. Ch. V. Langlois lors de l'ouverture de ses conférences de sciences auxiliaires à la Faculté des lettres est pleine de considérations générales du plus haut intérêt [1]. M. E.-Daniel Grand [2], qui le premier a enseigné la paléographie à la Faculté des lettres de Montpellier, a joint à sa leçon d'ouverture une bibliographie étendue et critique. Son successeur, M. Berthelé [3], a insisté sur les résultats que la philologie classique et l'histoire du droit peuvent attendre des études paléographiques. M. C. Douais [4], en publiant des chartes dont le texte avait été établi par ses élèves, a voulu montrer les résultats de son enseignement à l'Institut catholique de Toulouse. M. Eugène Lelong a ouvert en décembre 1897 un cours de sciences auxiliaires (paléographie, diplomatique, épigraphie, bibliographie) à la Faculté de droit de Paris.

La paléographie a pris depuis quelques années en Italie un développement considérable, et, en partie, sous l'influence de l'École établie en 1884 auprès des Archives du Vatican [5]. M. Malagola [6] a fait ressortir l'importance de la paléographie pour les études juridi-

1. Ch. V. Langlois. *L'Enseignement des sciences auxiliaires de l'histoire du moyen âge à la Sorbonne* (leçon prononcée à l'ouverture des conférences de sciences auxiliaires à la Faculté des lettres de Paris, le 9 novembre 1888): *Bibliothèque de l'École des Chartes*, 1888, p. 609-629. — C'est en 1881 que M. A. Giry avait inauguré à la Faculté des lettres de Paris la conférence de sciences auxiliaires.

2. E.-Daniel Grand. *Leçon d'ouverture du cours de paléographie de la Faculté des lettres de Montpellier (11 janvier 1890), avec notes bibliographiques.* Montpellier, Hamelin frères, 1890, in-8°, 24 p. (Extr. de la *Revue des langues romanes*.)

3. Berthelé. *Du Rôle de l'enseignement paléographique dans les facultés des lettres.* Montpellier, impr. centrale du Midi, 1895, in-8°, 46 p.

4. C. Douais. *Travaux pratiques d'une conférence de paléographie à l'Institut catholique de Toulouse.* Toulouse et Paris, 1892, in-8, XXII-16 p., 1 fac-s.

5. Les élèves reçoivent un diplôme dont la formule a été publiée dans la *Biblioth. de l'École des Chartes*, t. LIII, p. 327.

6. C. Malagola. *La cattedra di paleografia e diplomatica nell' Università di Bologna ed il nuovo indirizzo giuridico degli studi diplomatici : Atti e memorie della r. deputazione di storia patria per le provincie di Romagna*, 3ª s., VII, p. 413-480.

ques, en même temps qu'il a rappelé que cette science était
enseignée à Bologne dès le xvi° siècle. Un cours de paléographie a
été inauguré en octobre 1897 par M. Hubert Hall, attaché au
Public Record Office, à l'École des sciences économiques et politi-
ques de Londres. On annonce la fondation à Sydney (Australie)
d'une Société paléographique [1].

Nous laisserons de côté dans cette revue bibliographique les
ouvrages consacrés à la paléographie orientale. Cependant nous ne
pouvons pas ne pas mentionner les travaux relatifs à l'histoire de
l'écriture dans l'antiquité, parce que l'on ne saurait étudier les
écritures grecque et latine, même au moyen âge, sans connaître
leur origine. La lecture du volume où M. Philippe Berger [2] a retracé
l'histoire de l'écriture peut être considérée comme l'introduction
indispensable à des études paléographiques. Ce livre est divisé en
deux parties ; dans la première l'auteur a étudié l'écriture avant
l'alphabet, cherchant à montrer comment les hommes, abandonnant
les procédés primitifs de la pictographie, ont peu à peu dégagé
l'écriture du dessin, comment se sont constitués les systèmes hié-
roglyphiques, comment ceux-ci d'idéographiques sont devenus
syllabiques, puis phonétiques. Dans la seconde partie, l'auteur nous
montre la formation de l'alphabet phénicien, source des alphabets de la famille européenne ou gréco-italiote et de la famille sémitique. Pour les alphabets européens, l'auteur s'arrête à la naissance
de l'écriture cursive, « son apparition marquant le point de départ
d'une nouvelle période qui va jusqu'aux temps modernes. »

Un aperçu intéressant sur l'histoire de l'écriture a été donné dans
la *Grande Encyclopédie* [3] ; on pourra consulter dans le même ouvrage le mot *alphabet* [4], et en tête de chaque lettre [5] des tableaux
montrant la transformation des diverses lettres depuis les inscriptions phéniciennes, et même les monuments égyptiens en écriture
hiératique, jusqu'aux temps modernes. L'article consacré à l'A est
particulièrement remarquable. L'on y a bien mis en évidence l'origine de cette lettre sortie de l'hiératique ; puis son passage de
l'alphabet phénicien dans les alphabets grecs, italiotes, etc., et la

1. Voy. *Biblioth. de l'École des Chartes*, t. LV, p. 419.
2 *Histoire de l'écriture dans l'antiquité*, par M. Philippe Berger. Paris, impr.
nationale, 1891, in-8°, xviii-389 p.
3. *La Grande Encyclopédie*, t. XV, p. 521-526.
4. *Ibid.*, t. II, p. 489-494.
5. *Ibid.* (A) t. I, p. 2-5 ; (B) t. IV, p. 1020-1022 ; (C) t. VIII, p. 564-566 ; (D)
t. XIII, p. 735-738 ; (E) t. XV, p. 185-188 ; (F) t. XVI, p. 1017-1020 ; (G) t. XVIII,
p. 321-324 ; (H) t. XIX, p. 673-676 ; (I) t. XX, p. 501-502 ; (J) t. XX, p. 1151 ; (K)
t. XXI, p. 369-372 ; (L) t. XXI, p. 675-678 ; (M) t. XXII, p. 847-850.

modification de la capitale latine en onciale, cursive et minuscule.

Les recueils de fac-similés sont la base de toute étude paléographique. Nous mentionnerons successivement les recueils généraux consacrés à la paléographie grecque et latine, puis les recueils spéciaux, c'est-à-dire ceux qui reproduisent des documents de même nature ou de même provenance, parmi lesquels nous distinguerons les recueils de fac-similés contenant à la fois des manuscrits grecs et latins, puis ceux qui ne contiennent que des exemples d'écriture grecque, et enfin ceux qui sont relatifs uniquement à la paléographie latine.

La Société paléographique de Londres [1] a poursuivi la publication de son magnifique recueil de fac-similés. L'éloge n'en est plus à faire. L'heureux choix des documents reproduits, la parfaite exécution des photogravures et les savants commentaires qui les accompagnent en font le premier des instruments pour l'étude de l'histoire des écritures. On sait que ce recueil embrasse tous les temps et tous les pays et que les éditeurs ne se contentent pas de reproduire des manuscrits, mais qu'ils choisissent parmi les inscriptions celles qui ont un intérêt paléographique. C'est ainsi qu'on trouve dans la seconde série le monument le plus ancien connu de l'alphabet sémitique, l'inscription de Mesha, roi de Moab, qui remonte au ixᵉ siècle avant Jésus-Christ. On remarquera aussi (pl. 127 et 128) l'édit de Dioclétien de l'an 301 gravé sur une stèle provenant des ruines de l'église de Platæa et conservée au Musée national d'Athènes, et qui montre qu'au début du ivᵉ siècle l'écriture onciale était déjà constituée. Les papyrus grecs recueillis en Égypte et qui ont ouvert de nouveaux horizons sur l'histoire de l'écriture grecque ont été reproduits en grand nombre. La série des textes diplomatiques commence par les rescrits impériaux du vᵉ siècle conservés au musée de Leide. Parmi les chartes du moyen âge, nous en signalerons quelques-unes particulièrement intéressantes au point de vue français, des chartes : d'Étienne, roi d'Angleterre, pour l'abbaye de Savigny (1139) ; de Hugues Talbot, pour l'abbaye de Beaubec (1165) ; de Hugues, abbé de Saint-Germain-des-Prés, relative à un fief situé à Issy et à Meudon (1176) ; de Philippe-Auguste pour les Templiers (1191) ; de Jean-sans-Terre, pour les Bonshommes de Notre-Dame-du-Parc, près Rouen (1199) ; et enfin une lettre du sire de Joinville adressée à Thibaud, comte de Bar (1248).

1. *The Palæographical Society. Facsimiles of manuscripts and inscriptions* edited by Edward Augustus Bond, Edward Maunde Thompson and George Frederic Warner. Second series. Vol. I et Vol. II. London, 1884-1894, in-fol. (309 planches).

Les professeurs Vitelli et Paoli ont entrepris de reproduire les manuscrits les plus remarquables des bibliothèques et archives de Florence. Les fac-similés sont répartis en deux séries, l'une de manuscrits grecs, l'autre de manuscrits latins. Les planches des manuscrits grecs ont une numérotation en chiffres romains, et celles des manuscrits latins une numérotation en chiffres arabes. Deux fascicules [1] ont paru en 1888. Chaque planche est accompagnée d'un feuillet de texte contenant une notice du manuscrit reproduit, des remarques paléographiques et une transcription. La pl. XXXI donne une page d'un manuscrit grec très important au point de vue paléographique, antérieur à 1314 : ce sont des tables astronomiques. A la pl. XL un manuscrit grec du IXᵉ siècle ; aux planches XXXIII à XXXV et XLI des manuscrits grecs du Xᵉ siècle. Le manuscrit grec reproduit à la pl. XXXVII est daté de l'an 1021 ; ceux des pl. XXVI et XLII sont du XIIᵉ siècle. Signalons dans la série latine un manuscrit de Virgile, de la Laurentienne, avec neumes, pl. 32 [2]. Outre des exemples d'écritures wisigothique, anglo-saxonne et carolingiennes, on trouvera (pl. 35) un document de 1307 intitulé *Lectura domini Petri de Boacteriis judicis super arte notarie.*

M. Michel Favaloro [3] a tenté de présenter un choix d'alphabets de toutes époques ; mais son recueil manque de critique ; quelques planches en couleur avec des initiales tirées de manuscrits du Mont-Cassin et des livres de chœur de Palerme lui donnent cependant quelque intérêt pour les paléographes.

Le Dʳ Ulrich Wilcken [4] a publié un recueil de fac-similés donnant un choix des plus anciens exemples d'écritures grecques, onciale et cursive, un fragment du discours de Démosthène contre Leptines,

1. *Collezione Fiorentina di facsimili paleografici greci e latini illustrati da Girolamo Vitelli e Cesare Paoli.* Fascicolo terzo, parte secunda. Firenze, Le Monnier, 1888, in-fol., pl. XXXI-XXXVI et 31-36. — Fascicolo quarto. Parte prima, Firenze, Le Monnier, 1888, pl. XXXVII-XLII et 37-42. — M H. Omont a dressé des tables de la *Collezione Fiorentina,* dans la *Revue des bibliothèques,* octobre 1895, p. 287-297 : table chronologique des manuscrits ; table alphabét. des auteurs et des ouvrages anonymes ; liste numérique des manuscrits dont il y a des fac-similés dans la *Collezione Fiorentina.*

2. M. Jules Combarieu a consacré à ce manuscrit une monographie dans laquelle il a fait reproduire toutes les pages contenant des notes musicales. *Études de philologie musicale. Fragments de l'Enéide en musique d'après un manuscrit inédit. Fac-similés phototypiques précédés d'une introduction par Jules Combarieu.* Paris, Picard, 1898, in-8°, 88 p., 8 pl. phototyp.

3. Mich. Favaloro. *Spicilegio stor.-paleografico di alfabeti e facsimili tratti da codici, diplomi e monumenti.* Palermo, Clausen, 1893, in-4, 121 p., 100 pl.

4. *Tafeln zur aelteren griechischen Palæographie nach Originalen des Berliner kœnigl. Museums zum akademischen Gebrauch und zum Selbstunterricht. herausgegeben von Dʳ Ulrich Wilcken.* Leipzig und Berlin, Giesecke und Devrient, 1891, XIV p. de texte, 20 pl. en phototypie.

du 1er ou 2e siècle après Jésus-Christ, et des actes et quittances, sur papyrus, parchemin et *ostraka*. La planche III, qui reproduit un fragment d'Hermas, a été l'objet de remarques paléographiques de la part de M. A. Ehrhard [1].

Parmi les recueils de fac-similés consacrés à la paléographie grecque, les plus importants sont ceux qui sont dus à M. Henri Omont. Le recueil qui contient la reproduction des plus anciens manuscrits grecs de la Bibliothèque nationale [2] donne vingt-sept exemples de manuscrits en onciale depuis le IVe siècle, la plupart livres bibliques ou ecclésiastiques, et vingt-neuf exemples de manuscrits d'auteurs classiques, en minuscule du IXe au XIIe siècle. Les manuscrits grecs à dates certaines de la même Bibliothèque ont fait l'objet d'un autre recueil [3]. Il y a là la reproduction de cent vingt et un manuscrits différents, dont le plus ancien est un recueil de vies de saints de l'an 890 et le plus récent un *Horologion* de 1390. A signaler dans l'introduction une bibliographie des recueils de fac-similés et des reproductions intégrales de manuscrits grecs, et un tableau chronologique des fac-similés de manuscrits grecs datés du VIIIe au XVIe siècle, publiés dans différents recueils et pouvant servir à l'étude de la paléographie grecque. Lors du séjour à Paris des souverains russes, on a fait exécuter à leur intention un recueil de vingt planches phototypiques reproduisant des feuillets des plus beaux manuscrits grecs de la Bibliothèque nationale [4], à savoir le *Codex sarravianus*, Ancien Testament du Ve siècle (pl. I), le *Codex Ephræmi*, Ancien et Nouveau Testament de la même époque (pl. II), le *Codex Coislinianus*, Ancien Testament du VIe siècle (pl. III), les manuscrits Wa et L des Évangiles, VIIIe et IXe siècle (pl. IV), les manuscrits M et K des Évangiles, IXe et Xe siècle (pl. V), le manuscrit H des épîtres de saint Paul, VIe siècle (pl. VI), le *Codex Claromontanus* des mêmes épîtres, VIIe siècle (pl. VII), des peintures d'un psautier et des cantiques, Xe siècle (pl. VIII-XIII), un psautier à peinture et les œuvres de saint Denys, Xe et IXe siècle

1. A. Ehrhard. *Die Berliner Hermasfragmente auf Papyrus : Theologische Quartalschrift*, LXXIV, 1892, p. 291-303.
2. *Fac-similés des plus anciens manuscrits grecs en onciale et en minuscule de la Bibliothèque nationale du IVe au XIIe siècle, publiés par* Henri Omont. Paris, Leroux, 1892, in-fol. 18 pages de texte, 50 pl. en phototypie.
3. *Fac-similés des manuscrits grecs datés de la Bibliothèque nationale du IXe au XIVe siècle, publiés par* Henri Omont. Paris, Leroux, 1891, in-fol , XII-24 pages de texte, 100 pl. en phototypie (dont quelques-unes doubles).
4 *Très anciens manuscrits grecs bibliques et classiques de la Bibliothèque nationale présentés à Sa Majesté Nicolas II, empereur de toutes les Russies, et à Sa Majesté l'impératrice Alexandra Feodorowna, lors de leur visite à Paris, octobre 1896.* Paris, Impr. nat., 1896, in-fol., 25 pl. en phototypie, chacune accompagnée d'un feuillet de texte. Tiré à 25 exemplaires.

(pl. XIV), les Parallèles sacrés de saint Jean Damascène (?), ix° siècle
(pl. XV), le manuscrit A des œuvres philosophiques de Platon, ix°
siècle (pl. XVI), le manuscrit Σ des œuvres oratoires de Démosthène, x° siècle (pl. XVII), le manuscrit E des œuvres physiques
d'Aristote, x° siècle (pl XVIII), un manuscrit de Dioscoride, ix° siècle (pl. XIX), et la syntaxe mathématique de Ptolémée, ix° siècle
(pl. XX).

Nous devons mentionner l'album de paléographie copte de l'abbé
Hyvernat [1], parce qu'il contient sur la dernière planche la reproduction de deux manuscrits grecs (2125 et 1613) du Vatican, en
onciale.

Le procédé employé pour la reproduction des papyrus d'Hercula-
num [2] paraîtrait bien arriéré si l'on ne songeait que le mauvais état
de ces documents et leur couleur noire interdisaient l'emploi de la
photographie.

La septième livraison de la *Paléographie des classiques latins* par
M. E. Chatelain, parue en 1892, et comprenant des manuscrits de
Plaute, Catulle, Cicéron, César, Salluste et Virgile, a complété le
tome premier de cette importante publication. Le savant éditeur, en
donnant des fac-similés des principaux manuscrits des auteurs
latins, et en facilitant ainsi aux philologues les rapprochements et
les comparaisons, a voulu préparer le classement définitif des manuscrits, sur lequel repose toute édition scientifique. De chaque
manuscrit, M. Chatelain indique le lieu de conservation, la date,
retrace l'historique et donne la bibliographie. Quelques textes d'une
lecture difficile, spécialement les palimpsestes, sont transcrits,
comme aussi les gloses. Si, au point de vue philologique, le recueil de
M. Chatelain rentre dans la classe des recueils spéciaux, puisque les
seuls manuscrits d'auteurs latins classiques y trouvent place, par
un autre côté, au point de vue paléographique, il a un intérêt général ; car on y trouve des exemples d'écritures de tous pays et de
toutes époques.

Dans le premier volume [3] nous signalerons comme particuliè-

1. *Album de paléographie copte pour servir à l'introduction paléographique
des actes des martyrs de l'Égypte*, par Henri Hyvernat. Paris, Leroux ; Rome,
Spithœver, 1888, 19 p., 1 pl. en chromophototypie et 56 pl. en phototypie.
2. *Thirty six engravings of texts and alphabets from the Herculanean fragments
taken from the original copperplates executed under the direction of the rev.
John Hayter ; with an introductory note by Bodley's librarian*. Oxford, Clarendon Press, 1891, 2 p. de texte, 38 pl.
3. *Paléographie des classiques latins*, par Émile Chatelain (Héliogravure P.
Dujardin). Première partie. Principaux manuscrits de Plaute, Térence, Varron,
Catulle, Cicéron, César, Salluste, Lucrèce, Virgile, Horace (105 planches). Paris,
Hachette, 1884-1892, in-fol., 34 pages de texte.

rement dignes d'attirer l'attention des paléographes les manuscrits en capitale : Virgile, du Vatican, II° ou III° siècle (pl. LXI) ;
Cicéron, de Turin, manuscrit palimpseste, III° siècle (?), recouvert par une copie de saint Cyprien en cursive du VIII° siècle
(pl. XXX) ; Salluste, du Vatican, III° siècle (pl. LI) ; Salluste,
d'Orléans, manuscrit palimpseste, III° siècle, recouvert par un
saint Jérôme en onciale du VII° ou VIII° siècle (pl. LI A) ; Cicéron,
du Vatican, manuscrit palimpseste, III° ou IV° siècle, recouvert par
la chronique de Prosper en onciale du VI° siècle (pl. XXXII) ;
Plaute, de Milan, manuscrit palimpseste, IV° siècle (pl. I) ; Cicéron,
de Turin, manuscrit palimpseste, IV° siècle, recouvert par un
saint Augustin (pl. XXIX, 2) ; Virgile, de Saint-Gall, IV° siècle (?)
(pl. LXII) ; Virgile, du Vatican (lat. 3225), IV° siècle (pl. LXIII) ; Virgile, de Vérone, manuscrit palimpseste, IV° siècle (?), recouvert par
un saint Grégoire en mérovingienne du VIII° siècle (pl. LXXV, 1) ;
Virgile, de la Bibliothèque nationale de Paris, manuscrit palimpseste,
IV° siècle (?), recouvert par un saint Jérôme en mérovingienne du
VII° siècle (pl. LXXV, 2) ; Térence, du Vatican, V° siècle (pl. VI) ;
Cicéron, de la Bibl. Ambrosienne, manuscrit palimpseste, V° siècle,
recouvert par un Sedulius en onciale du VI° siècle (pl. XXIX, 1) ;
Virgile, du Vatican (*Palatinus*, 1631), V° siècle (?) (pl. LXIV) ; Vir-
gile, de la Bibl. Laurentienne, V° siècle (pl. LXVI) ; Virgile, du
Vatican (lat. 3867), VI° siècle (?) (pl. LXV). Les planches XXXIX,
XXXII 2, XXXVI A et XXVI offrent des exemples d'onciales du IV°
au VIII° siècle. L'écriture lombarde du VIII° siècle est représentée par
la planche XIII et celle du XI° siècle par les planches XIII, XVII,
XXXVIII 2 et XLIX. A la planche XV, un manuscrit de Catulle (Bibl.
nat., lat. 14137) nous offre un bel exemple d'écriture italienne de
l'an 1375. Enfin la planche XX reproduit un Cicéron, du Vatican,
écrit par Flavio Biondo en 1422.

De 1894 à 1897 ont paru les livraisons 8 à 12, comprenant soixante-
quinze planches. Les manuscrits en capitale sont : Lucain, de la
Bibliothèque impériale de Vienne, manuscrit palimpseste du IV° siècle (?), recouvert d'une écriture irlandaise du VIII° ou IX° siècle
(pl. CLIII, n° 1), Lucain, du Vatican, manuscrit palimpseste,
IV° siècle (?), recouvert d'une onciale du VII° siècle (pl. CLIII, n° 2).
En écriture onciale, du V° siècle : Tite-Live, de la Bibliothèque capitulaire de Vérone, manuscrit palimpseste, recouvert d'une cursive
du VIII° siècle (pl. CVI) ; Tite-Live, manuscrit latin 5730 de la Bibliothèque nationale (pl. CXVI) ; Tite-Live, de Vienne (pl. CXX) ; Pline
l'Ancien, de la Bibliothèque de Saint-Paul en Carinthie, manuscrit
palimpseste, recouvert d'une cursive du VIII° siècle (pl. CXXXVI) ;
Pline l'Ancien, de la Bibliothèque impériale de Vienne (pl. CXXXVII,

n° 1). En écriture onciale du vi° siècle : Ovide, de Wolfenbüttel (pl. XCIX) ; Pline l'Ancien, de la Bibliothèque nationale, lat. 9378 (pl. CXXXVII, n° 2). La pl. CXXXVIII donne un exemple d'écriture anglo-saxonne du ix° siècle : Pline l'Ancien, de la Bibliothèque de l'Université de Leyde. Le manuscrit d'Ovide, de la Bibliothèque Bodléienne, reproduit à la pl. XCIII, n° 2, est d'une écriture galloise du ix° siècle. Enfin signalons un Tacite, de la Laurentienne, en lombarde du xi° siècle (pl. CXLVI), et un Tacite, de Leyde, de la main de Joviano Pontano, l'an 1460 (pl. CXLVII)[1].

M. E. Monaci poursuit la publication de l'*Archivio paleografico italiano*. On sait que ce magnifique recueil de fac-similés photographiques se divise en trois sections : la première consacrée à des documents variés, la seconde à des documents d'origine romaine, la troisième aux documents d'écriture lombardique. Les fascicules III et IV du *Miscellaneo* contiennent des chartes de Ravenne, de Forli, de Cervia et de Rimini, du xii° et du xiii° siècle.

L'écriture diplomatique du xii° siècle, dans ces régions, est une minuscule caroline, tantôt petite et aiguë, tantôt épaisse et lourde, mais avec des traces d'écriture précaroline, et en tout cas manquant d'élégance aussi bien dans le tracé de chaque lettre que dans l'aspect général. A la fin du xii° siècle, l'écriture se rapproche davantage de la française. Cependant dès 1127 nous trouvons un rouleau sur lequel sont énumérées les possessions de l'église Santa-Maria di Porto, d'une écriture bien française. Les fascicules V à VII reproduisent surtout des manuscrits littéraires. Le fascicule III des *Monumenti paleografici di Roma* contient des chartes de chancelleries romaines de 1030 à 1277 ; celles du xi° siècle sont de la même écriture que les lettres pontificales contemporaines ; une charte de l'an 1030 constitue une exception, car elle est d'une grosse écriture minuscule analogue à celle qui était en usage dans les livres et même, en France, dans les chartes ; elle présente de plus cette particularité d'être palimpseste.

Mais à partir du xii° siècle les scribes romains emploient généralement la minuscule française. Les manuscrits romains ont trouvé place dans les fascicules IV et V : évangéliaires des x° et xi° siècles, sacramentaire de Subiaco de 1075, Annales romaines des xi° et xii° siècles, deux exemplaires du *Liber censuum*, etc. ; on trouve cependant dans le fascicule V deux chartes, l'une de Rome de l'an 1200, et

1. *Paléographie des classiques latins*, par Émile Chatelain, 8° à 13° livraisons. Paris, 1894 à 1897, pl. XCI à CLXXX. 24 pages de texte. Auteurs : Ovide, Properce, Tibulle, Tite-Live, Perse, Juvénal, Pline l'Ancien, Pline le Jeune, Tacite, Pétrone, Martial, Lucain, Stace, Valerius Flaccus, Phèdre, Sénèque le rhéteur, Sénèque le philosophe, Quintilien, Valère Maxime.

l'autre de Tivoli, de l'an 1219. La troisième section donne d'excellents exemples d'écriture lombardique depuis le VIIIe siècle. Il est notable que deux chartes véronaises, l'une de 1102, l'autre de 1153, sont en minuscule complètement débarrassée de ligatures et de toute trace d'écriture lombardique [1].

Sous la direction du R. P. Denifle et avec la collaboration de Dom G. Palmieri, a paru un recueil de fac-similés [2] qui n'a pas moins d'importance pour la diplomatique que pour la paléographie, et qui présente la reproduction de 64 pages des registres pontificaux d'Innocent III à Urbain V. Dans l'introduction, les auteurs ont déterminé le caractère des registres ; spécialement ils ont démontré que les lettres étaient enregistrées non d'après les minutes, mais d'après les expéditions destinées aux parties intéressées. On trouvera dans un recueil [3] auquel ont collaboré MM. Th. von Sickel et C. Cipolla, des fac-similés de diplômes italiens de Carloman, Charlemagne, Louis le Pieux, Lothaire Ier et Louis II. Plus important encore pour l'étude des actes impériaux est le recueil de fac-similés de diplômes impériaux publiés sous la direction de MM. H. von Sybel et Th. von Sickel, commencé en 1887 et qui comprend maintenant onze livraisons formant un ensemble de 295 planches [4]. Les actes sont transcrits et accompagnés de notices diplomatiques. Les manuscrits des plus anciens monuments de la langue allemande ont donné lieu à deux recueils de fac-similés, l'un consacré spécialement à l'ancien saxon [5], l'autre plus général, mais sans notices [6].

On annonce la prochaine publication à Münich d'un grand recueil de fac-similés de manuscrits du moyen âge, livres et chartes, en

<hr/>

1. *Archivio paleografico italiano* diretto da Ernesto Monaci. Vol. I, *Miscellanea*, fasc. III. Roma, Martelli, 1888, in-fol., p. XI-XIV, pl. 27 à 40 ; fasc. IV, 1889, p. XV-XVI, pl. 41 à 51 ; fasc. V, 1890, pl. 52 à 63 ; fasc. VI, 1890, pl. 64 à 73 ; fasc. VII, 1895, pl 74 à 85 ; fasc. VIII, 1897, pl. 86 à 95. Vol. II, *Monumenti paleografici di Roma*, fasc. III. Roma, Martelli, 1889, in-fol., p XI-XIII, pl. 26 à 29 ; fasc. IV, 1895, pl. 30 à 50 ; fasc. V, 1896, pl. 33 à 37, 41 à 43, 45, 51 à 63. — Vol. III, *Carte lombarde e Veronesi*, fasc. 1. Roma, Martelli, 1892, in-fol. pl. 1 à 12.
2. *Specimina palaeographica regestorum romanorum pontificum ab Innocentio III ad Urbanum V*. Roma, ex archivo Vaticano, 1888, in-fol. 57 p., 60 pl.
3. *Diplomi imperiali e reali delle cancellarie d'Italia Notizie e trascrizioni dei diplomi imperiali* [766-1477] ; *pubblicati a facsimile dalla r. Società Romana di storia patria*. Fascicolo I. Roma, Loescher, 1892, in-4º, VII-32 p., 45 pl. ge. in-fol.
4. H. von Sybel und Th. von Sickel. *Kaiserurkunden in Abbildungen*. Berlin, Weidmann, 1887, p. 546, 295 pl.
5. *Altsæchsische Sprachdenkmæler herausgegeben von* J. H. Gallée. Leiden, Brill, 1894, in-8, 11-367 p. Atlas sous le titre de *Facsimile Sammlung*, 1895, in-fol., 4 p., 25 pl. en phototypie.
6. *Die æltesten deutschen Sprachdenkmæler in Lichtdrucken herausgegeben von* M. Enneccerus. Frankfurt-a-Main, F. Enneccerus, 1897, in-fol., 2 p., 44 pl.

langues latine et allemande [1]. Chaque planche en photogravure sera accompagnée d'une notice et d'une transcription.

Le Dr Rudolf Thommen a donné la reproduction et la transcription d'un certain nombre de manuscrits des archives de Bâle, de 1360 à 1524, la plupart en langue allemande et quelques-uns d'une lecture difficile; ce sont surtout des documents diplomatiques, comptes et censiers. On regrettera seulement que l'éditeur ait eu recours au procédé un peu arriéré de la lithographie [2].

Le Rev. Walter W. Skeat [3] a réuni douze fac-similés de manuscrits contenant des textes en vieil anglais, du xe au xve siècle. Quelques pages de l'introduction sont consacrées à des remarques paléographiques.

Friedrich Leist [4] a réuni des fac-similés de seings de notaires du xive au xviiie siècle. Un recueil analogue, mais spécial à une région de la France, a été fait par M. Poussy [5].

Bien que l'écriture postérieure au moyen âge ne rentre pas dans la paléographie proprement dite, nous devons citer le recueil de MM. Kaulek et Plantet [6] comprenant des reproductions de lettres de rois et reines de France à partir du xvie siècle. C'est dans la même catégorie qu'on rangera les fac-similés publiés par les archives de la guerre à Vienne [7], ceux des manuscrits relatifs à l'Amérique [8], les reproductions d'autographes du Musée Britannique [9]. Quant aux nombreux fac-similés de manuscrits dont il est de mode d'orner à pro-

---

1. *Monumenta palæographica. Denkmäler der Schreibkunst des Mittelalters. Erste Abteilung : Schrifttafeln in lateinischer und deutscher Sprache. In verbindung mit Dr Hans Schnorr von Carolsfeld. Herausgegeben von Dr Anton Chroust.* München, Bruckmann, in-fol.

2. *Schriftproben aus Handschriften des XIV-XVI Jahrhunderts zusammengestellt von Dr Rudolf Thommen.* Basel. Detloff, 1888, in-4[o], 18 p., 20 pl.

3. *Twelve facsimiles of old English manuscripts with transcriptions and an introduction by the Rev. Walter W. Skeat.* Oxford, Clarendon Press, 1892, in-4[o], 36 p., 12 pl. en phototypie.

4. Dr Friedrich Leist. *Die Notariats-Signete. Ein Beitrag zur Geschichte des Notariates sowie zur Lehre von den Privat-Urkunden.* Leipzig und Berlin, Giesecke und Devrient [1896], in-fol., xvii p. de texte, 25 pl.

5. Capitaine Poussy. *Fac-similé du signet authentique des anciens notaires du département de Tarn-et-Garonne : Bullet. archéolog. et histor. de la Société archéolog. de Tarn-et-Garonne,* XVIII, p. 177-188, pl. I-II-VII.

6. J. Kaulek et E. Plantet. *Recueil de fac-similés, pour servir à l'étude de la paléographie moderne.* I. *Rois et reines de France.* Paris, Colin, 1889, in-fol., 24 feuillets et 1 feuillets non chiffrés, 24 pl. en phototypie.

7. *Unterrichts-Behelfe zur Handschriften-Kunde. Handschriften aus dem 16, 17 und 18 Jahrhund. zusammengestellt von der Direktion des k. k. Kriegsarchivs.* Wien, Seidel, 1889, in-fol., 20 feuillets de texte, 20 pl (Ecritures de 1529 à 1758.)

8. *Facsimiles of manuscripts in European archives relating to America* (1773-1883).

9. *Facsimiles of royal, historical, literary and other autographs in the department of manuscripts. British Museum. First series.* London, Frowde, 1895, in-fol.

fusion les ouvrages historiques, ouvrages d'érudition et livres de vulgarisation, en France et en Allemagne, il est impossible de songer à en faire ici l'énumération.

Un certain nombre de recueils ont été spécialement composés en vue de l'enseignement. C'est d'abord une nouvelle édition des spécimens d'écriture grecque de Wattenbach [1] ; puis, la troisième édition des planches d'écriture pour l'étude de la paléographie latine, de W. Arndt, donnée par M. Tangl [2].

En France, l'École des Chartes fait faire, pour son usage particulier, de nombreuses planches en héliogravure. Les planches exécutées jusqu'en 1887 ont été publiées en quatre fascicules. Les fac-similés exécutés depuis cette date n'ont pas été mis dans le commerce, pas plus que les notices si intéressantes rédigées par le directeur de l'École, M. Paul Meyer, et qui sont réservées aux membres du conseil de perfectionnement et aux professeurs de l'École. Cette magnifique collection comprenait en décembre 1896 quatre cents numéros.

La Faculté des lettres de Lyon avait entrepris une collection analogue, qui ne paraît pas avoir été poursuivie. En 1891, la *Collection lyonnaise de fac-similés* comprenait trois planches : une page d'un manuscrit de l'Ysopet, du XIIIᵉ siècle ; deux pages du registre consulaire de la ville de Lyon en 1329 ; une tablette de cire contenant des comptes d'une abbaye, probablement Cîteaux, en 1324.

Deux recueils [3] de fac-similés d'écritures du XIIᵉ au XVIIᵉ siècle, comprenant des manuscrits latins et français, manuscrits littéraires, la plupart à date certaine, et des documents d'archives, publiés à la librairie Picard, ont été matériellement disposés de façon à pouvoir être mis entre les mains des élèves qui suivent les cours de paléographie.

---

1. *Scripturæ græcæ specimina in usum scholarum collegit et explicavit* G. Wattenbach. Berlin. Grote, in-fol., 17 p., 35 pl.

2. *Schrifttafeln zur Erlernung der lateinischen Palæographie herausgegeben von* Wilhelm Arndt. *Erstes Heft-Dritte erweiterte Auflage besorgt von* Michael Tangl. Berlin, Grote, 1897, in-fol, iv-9, p., 30 pl. [pl. 26 à 30 en phototypie].

3. *Manuel de paléographie. Recueil de fac-similés d'écritures du XIIᵉ au XVIIᵉ siècle (Manuscrits latins et français) accompagnés de transcriptions par* Maurice Prou. Paris, A. Picard, 1892, in-4ᵉ, 12 pl, photocollographie, avec 12 feuillets de texte. — *Nouveau recueil de fac-similés d'écritures,* etc. Paris, A. Picard, 1896, in-4ᵉ, 12 pl. photocollographie avec 12 feuillets de texte. — Je profite de l'occasion qui m'est offerte pour dresser l'*erratum* des transcriptions. *Recueil,* pl. II, fol. 7, l. 9, *au lieu de* inferit *lire* insert. Pl. III : ce recueil de sermons a été écrit en Angleterre ; la date est celle de la composition de l'œuvre et non celle de sa transcription ; l. 5, *au lieu de* qua, *lire* quam ; l. 40, *au lieu de* silenter, *lire* similiter ; l. 41, *au lieu de* hoc, *lire* hoc. *Nouveau recueil,* pl. V, nᵒ 2, l. 11, *au lieu de* certifie, *lire* cortefie ; l. 11, *au lieu de* y faite, *lire* parfaite ; l. 12, *au lieu de* ceinq, *lire* cinq. Pl. VII, l. 5, *au lieu de* fus contant, *lire* suis contant.

— 13 —

L'album paléographique constitué par M. J. Flammermont [1] est spécialement consacré aux chartes du Nord de la France.

M. E. Monaci a achevé son recueil de fac-similés d'anciens manuscrits à l'usage des écoles de philologie néo-latine [2], dont la publication avait commencé en 1881. Il se compose de cent planches en héliotypie reproduisant des manuscrits tirés de diverses bibliothèques. Bien que les plus anciens monuments des langues romanes y occupent une place prépondérante, on y trouve des exemples de toutes les écritures latines employées pour la transcription des livres du premier au seizième siècle de l'ère vulgaire. Deux tables, l'une chronologique, l'autre systématique, permettent de retrouver facilement dans les fac-similés les diverses sortes d'écritures reproduites.

Pour l'étude de la paléographie espagnole du xii⁰ au xviii⁰ siècle, les recueils de fac-similés de D. Muñoz y Rivero [3] sont bien connus; on regrettera seulement que la photogravure n'y ait pas été substituée à la zincographie.

Déjà à plusieurs reprises des paléographes ont pensé à donner des reproductions intégrales des manuscrits les plus importants, ceux qui sont la base de l'établissement des textes anciens et auxquels pour cette raison les philologues doivent sans cesse recourir.

Le plus ancien (x⁰ siècle) et le plus complet de tous les manuscrits de Démosthène, découvert à la fin du xv⁰ siècle par Jean Lascaris et aujourd'hui conservé à la Bibliothèque nationale de Paris, a été somptueusement reproduit par les soins de M. Henri Omont [4].

C'est encore à M. Henri Omont [5] qu'est revenu l'honneur d'inau-

1. *Album paléographique du Nord de la France. Chartes et documents historiques reproduits par la phototypie et publiés avec transcription par celle par* J. Flammermont. Lille, au siège de l'Université, in-8⁰ oblong, iii-204 p., 56 pl. en phototypie.
2. *Facsimili di antichi manoscritti per uso delle scuole di filologia neolatina raccolti da* Ernesto Monaci. Volume unico. Roma, Martelli, 1881-92, in-fol., vii pages de texte, 100 planches en héliotypie.
3. D. Jesús Muñoz y Rivero. *Idioma y escritura de España. Libro de lectura de manuscrito antiguo para las escuelas de primera enseñanza.* Madrid, 1888, in-12, 149 p. — Du même. *Chrestomathia palæographica. Scripturæ Hispanæ veteris specimina. Pars prior : scriptura chartarum.* Matriti, G. Hernando, 1890, in-8⁰, 192 p. autographiées.
4. *Demosthenis orationum codex* Σ. Œuvres complètes de Démosthène. Fac-similé du manuscrit grec 2934 de la Bibliothèque nationale publié par Henri Omont. Paris, Leroux, 1893, 2 vol. in-fol., 33-2 p.; reproduction phototypique des 534 feuillets du ms. auxquels on a joint un spécimen particulier de la 1re page, et le fac-s. des deux plats de la reliure.
5. *Vetus testamentum græce, Codicis Sarraviani-Colbertini quæ supersunt in bibliothecis Leidensi, Parisiensi, Petropolitana phototypice edita. Præfatus est* Henricus Omont, Lugduni Batavorum, A. W. Sijthoff, 1897, in-fol., xii p. de texte, 306 pl. (Codices græci et latini photographice depicti duce Guillelmo Nicolao Du Rieu, t. I.)

gurer par la reproduction du manuscrit grec de l'Ancien Testament, en onciale du ve siècle, conservé partie à Leyde (Vossianus, Græc., Q. 8), partie à Paris (Grec, 17), partie à Saint-Pétersbourg (Græc., III), la belle et utile collection de fac-similés intégraux de manuscrits, entreprise par le regretté Du Rieu, bibliothécaire de l'Université de Leyde. Dans une magistrale préface, M. Omont a retracé l'histoire du manuscrit, et par une étude minutieuse de l'écriture distingué les scribes et assigné aux cahiers subsistants leur place primitive.

Deux autres manuscrits bibliques ont été reproduits intégralement, tous deux conservés au Vatican, l'un, contenant le Nouveau Testament [1], l'autre les Prophètes [2]. La Genèse de Vienne, en onciale grecque, a une importance particulière pour l'histoire de la miniature [3].

L'un des manuscrits les plus intéressants des Évangiles est celui dit de Théodore de Bèze, qui contient à la fois un texte grec des Évangiles, en onciale du vi[e] siècle, et, en regard, la traduction latine. La reproduction intégrale en est annoncée pour l'année 1898 [4].

M. A. Lods a fait reproduire [5] le codex, d'entre le viiie et le xiie siècle, contenant des fragments de l'évangile de Pierre, de l'apocalypse de Pierre, du livre d'Enoch et des actes du martyre de saint Julien. Je ne puis m'empêcher de signaler la croix si particulière dessinée au premier feuillet, une croix accostée de l'A et de l'ω et dont la traverse est chargée à chacune de ses extrémités d'une petite croix : une pareille forme de croix se retrouve sur les monnaies mérovingiennes.

Un volume de la collection dirigée par M. Clédat donne la repro-

1. Ἡ νέα Διαθήκη. Novum Testamentum e codice Vaticano 1209 antivi textus græci primo omnium phototypice repræsentatum, auspice Leone XIII pont. Max., curante Josepho Cozza-Luzi, abbate basiliano, S. Rom. Ecclesiæ vicebibliothecario. Romæ, Danesi, 1889, in-fol., 382 p.

2. Ἡ προφῆται. Prophetarum codex græcus Vaticanus 2125 vetustate, varietate, lectionum notationibus unicus æque et insignis phototypice editus auspice Leone XIII Pont. Max., curante Josepho Cozza-Luzi. Accedit commentatio critica Ant. Ceriani, Ambrosianæ biblioth. præfecti, Romæ, Spithœver, 1890, in-fol. 850 p.

3. Die Wiener Genesis herausgegeben von Wilhelm Ritter von Hartel und Franz Wickhoff. Mit 52 Lichtdrucktafeln..... 6 Hilfstafeln und 20 Textillustrationen in photochromotypie, Heliogravure, Lichtdruck, Phototypie und Zinkographie. Wien, 1895, in-fol., 171 p. de texte.

4. Codex Bezæ Cantabrigiensis, quattuor evangelia et actus Apostolorum continens græce et latine suomptibus Academiæ cujus in bibliotheca servatur lucis auxilio in lucem emissus. Cantabrigiæ, 1898, in-4°.

5. Reproduction en héliogravure du manuscrit d'Enoch et des écrits attribués à saint Pierre, avec introduction de M. A. Lods : Mémoires publiés par les membres de la mission archéologique franç. au Caire, t. IX, p. 217-337, XXXIV pl. en phototypie.

duction photolithographique des feuillets 184 à 199 du manuscrit grec 1741 de la Bibliothèque nationale, contenant la Poétique d'Aristote. Ce manuscrit, du x° au xi° siècle, est un recueil de traités de rhétorique. M. H. Omont en a fait la description et l'historique [1]. C'est au même temps que se rapporte la transcription du manuscrit d'Eschyle [2] de la bibliothèque Laurentienne dont le ministère de l'instruction publique du royaume d'Italie a fait exécuter un fac-similé intégral.

Un manuscrit anglo-saxon de Verceil a été photographié sous la direction de M. Wülker [3]; les photographies ont été exécutées à moitié de grandeur de l'original.

On trouvera dans la collection de Leyde le fac-similé complet d'un manuscrit de Berne, contenant des fragments d'Horace, d'Ovide, de Servius, de saint Augustin, de Bède, etc. [4]. Un livre des Évangiles, du xi° siècle, écrit pour sainte Marguerite, reine d'Écosse, morte en 1093, et dont M. F. Madan [5] a le premier reconnu la valeur, a été édité par M. W. Forbes-Leith [6].

M. L. Clédat a fait reproduire en 1887-88 une traduction provençale du Nouveau Testament [7] et, en 1890, le manuscrit de Catulle, dit de Saint-Germain-des-Prés, transcrit à Vérone en 1375, aujourd'hui conservé à la Bibliothèque nationale, et qui en dépit de tous ses

1. *La Poétique d'Aristote. Manuscrit 1741 fonds grec de la Bibliothèque nationale.* Préface de M. Henri Omont. Photolithographie de MM. Lumière. Paris, Leroux, 1891, in-8°, xix pages de texte. 31 pages de photolithographie. (Collect. de reproductions de manuscrits publiée par L. Clédat. Auteurs grecs publiés sous la direction spéciale de M. F. Allègre, I.)

2. *L'Eschilo laurenziano. Fac-simile pubblicato sotto gli auspici del ministero dell'Istruzione pubblica.* Firenze, dalla r. biblioteca medicco-laurenziana, 1896, in-fol. oblong, 9 p. de texte, 71 pl. en héliogravure.

3. *Codex Vercellensis. Die Angelsæchsische Handschrift zu Vercelli in getreuer Nachbildung herausgegeben von* D° Richard Wülker. Leipzig, 1894, in-4°, viii p. de texte, 87 pages en phototypie.

4. *Codices græci et latini photographice depicti duce* Scatone De Vries. Tom. II. *Codex Bernensis 363 Horatii carmina, Ovidii Met. fragm., Servii et aliorum opera grammatica, s. Augustini de dial. et de rhetor., Bedæ Hist. Brit. I, cet. cet. continens. Præfatus est* M. Hagen Lugduni Batavorum, A. W. Sijthoff, 1897, in-fol .294 p. en phototypie.

5. Voy. un article de M. F. Madan, *The Evangelistarium of St. Margaret queen of Scotland,* dans *The Academy,* du 6 août 1887.

6. *The Gospel Book of Saint Margaret, being a facsimile reproduction of queen Margaret's copy of the Gospels preserved in the Bodleian library Oxford.* Edited by W. Forbes-Leith.

7. *Le Nouveau Testament traduit au XIII° siècle en langue provençale, suivi d'un rituel cathare.* Reproduction photolithographique du manuscrit de Lyon publiée avec la nouvelle édition du rituel par L. Clédat. Exécutée par MM. Lumière frères. Paris, 1887 (1888, sur la couverture), in-8°, xxvii p. de texte, 482 p. en photolithogr. (Bibliothèque de la Faculté des Lettres de Lyon, t. IV.) — *Le Rituel provençal* a été tiré à part : Paris, 1890, in-8° (Collection de reproductions de manuscrits publiée par L. Clédat. Vieux provençal, I.)

défauts de transcription, reste le manuscrit fondamental de toute étude critique sur le texte de Catulle [1].

Un autre manuscrit de Catulle, celui de la Bibliothèque de Venise, a été reproduit photolithographiquement sous la direction de M. Constantin Nigra [2]. L'Académie de Budapest [3] a publié le fac-similé d'un manuscrit de Festus en minuscule du xie ou xiie siècle. Citons la reproduction d'un manuscrit de Dante [4].

Les calques qu'on a pu retrouver des miniatures du célèbre manuscrit d'Herrade de Landsperg, si malheureusement détruit, ont été reproduits sous la direction du chanoine Straub, puis du chanoine G. Keller [5]. Signalons aussi la publication photographique du manuscrit de la vieille Edda [6] de la bibliothèque de Copenhague.

Nous avons cité plus haut la reproduction intégrale d'un manuscrit en langue romane ; la Société des anciens textes français en a publié une autre, celle d'un chansonnier français du xiiie siècle [7]. Le mystère provençal de sainte Agnès appartient au xive siècle [8].

S. A. le grand-duc de Bade a fait exécuter un fac-similé photographique, tiré à quelques exemplaires, non mis dans le commerce, du célèbre manuscrit allemand, d'environ l'an 1300, recueil de chants

1. Collection de reproductions de manuscrits publiée par L. Clédat. Classiques latins. I. Catulle, manuscrit de Saint-Germain-des-Prés (Bibliothèque nationale, n° 14137), précédé d'une étude de M. Émile Chatelain. Photolithographie de MM. Lumière. Paris, Leroux, 1890, in-8°, vii p. de texte, 36 feuillets en photolithogr.

2. Liber Catulli Bibliothecæ Marcianæ Venetiarum, [Venetiis, 1893], in-8° (sans foliotation ni pagination).

3. Æmilius Thewrewk de Ponor. Codex Festi Farnesianus XLII tabulis expressus, consilio et impr. Acad. litt. Hungaricæ. Budapestini, typis Franklinianis, 1893, in-fol, 5 p., 42 pl.

4. Dante Allighieri. Traité de l'éloquence vulgaire. Manuscrit de Grenoble publié par Maignien et le Dr Prompt. Venise, Olschki, 1892, in-8°, 58 p., 25 feuillets en phototypie.

5. Hortus deliciarum par l'abbesse Herrade de Landsperg. Reproduction héliographique d'une série de miniatures calquées sur l'original de ce manuscrit du douzième siècle. Texte explicatif par le chanoine A. Straub [à partir de la livr. v, par le chanoine G. Keller]. Strasbourg, Trübner, in-fol., 9 livr. parues contenant 44 et 6 p. de texte, et 76 pl. dont trois numérotées 11 bis, 11 ter, 30 bis. (Société pour la conservation des monuments historiques d'Alsace.)

6. Ludw. F. A. Wimmer og Finnur Jonsson. Haandskriftet n° 2365. 4°. gl. kgl. Samling pa det store kgl. bibliothek i Kóbenhavn (codex regius af den ældre Edda) i fototypisk og diplomatisk gengivelse. Kóbenhavn, Moller og Thomsen. (1891), 193 p., 90 pl. phototyp.

7. Le chansonnier français de Saint-Germain-des-Prés (Bibl. nat. fr. 20050). Reproduction phototypique avec transcription par P. Meyer et G. Raynaud. Tome I. Paris, Firmin-Didot, 1892, in-8°, ii p. de texte, 173 feuillets en phototypie (le second volume sera consacré à la transcription).

8. Il mistero provenzale di S. Agnese, facsimile in eliotipia dell' unico manoscritto Chigiano con prefazione di Ernesto Monaci. Roma, Martelli, in-4°, 8 p., 19 pl. en héliotypie.

connu sous le nom de recueil de Manesse [1]. La reproduction du manuscrit de chants, de Iéna, est précédée d'éclaircissements par le Dr K. K. Müller [2].

Le journal du Concile de Constance, par Ulrich von Richental, précédemment photographié, a été l'objet d'une nouvelle reproduction [3].

M. Ch. Ravaisson-Mollien [4] a achevé en six volumes la reproduction des manuscrits de Léonard de Vinci conservés à Paris à la Bibliothèque de l'Institut et à la Bibliothèque nationale.

Des savants italiens ont fait reproduire le manuscrit de Léonard conservé dans la bibliothèque du prince Trivulzio à Milan [5], et le *Codice atlantico* de l'Ambrosienne [6]. Tout récemment, sous un millésime qui devrait exclure l'ouvrage de cette revue, a paru une reproduction du manuscrit anatomique de la Bibliothèque de Windsor [7], exécutée sous la direction de M. Th. Sabachnikoff, à qui l'on devait déjà la publication du manuscrit du vol des oiseaux [8].

C'est un manuscrit bien récent qu'a reproduit M. Percy W. Ames, mais qui tire son intérêt de la main qui l'a copié, puisqu'il s'agit

---

1. *Minnêsinger Manessische Sammlung. Reproduction photographique du manuscrit 32 du fonds allemand:* 1888, 2 vol. in-fol. ; I, 210 feuillets ; II, 218 feuillets reproduits en phototypie.

2. *Die Ienaër Liederhandschrift*, [Iena, Strobel, 1896], in-fol., 4 feuillets de texte non paginés. 270 pl. en phototypie.

3. *Ulrich von Richental's Chronik des Konzils von Konstanz (1414-1418) in photogr. Nachbildung.* Leipzig, Gracklauer, 1895, in-fol., 300 pl.

4. *Les manuscrits de Léonard de Vinci. Le manuscrit A de la Bibliothèque de l'Institut publié en fac-similés (procédé Arosa) avec transcription littérale, traduction française, préface et table méthodique par* M. Charles Ravaisson-Mollien. Paris, Quantin, 1881, in-fol. [Les volumes II, III, IV et V, parus en 1883, 1888, 1889 et 1890 contiennent la reproduction et la transcription des manuscrits B et D, C, E et K, F et I, G, L et M.] Le 6e vol est intitulé : *Les manuscrits de Léonard de Vinci. Manuscrits H de la Bibliothèque de l'Institut, Ash. 2038 et 2037 de la Bibliothèque nationale, publiés en fac-similés phototypiques avec transcriptions littérales, traductions françaises, avant-propos et tables méthodiques, suivis d'un appendice par* M. Charles Ravaisson-Mollien. *Ouvrage en six tomes.* Paris, Quantin, 1891, in fol.

5. Luca Beltrami. *Il codice di Leonardo da Vinci nella biblioteca del principe Trivulzio in Milano, trascritto ed annotato.* Milano, Dumolard, 1891, in-fol., 94 pl. en héliotypie.

6. *Il codice atlantico di Leonardo di Vinci nella biblioteca Ambrosiana di Milano riprodotto e pubblicato dalla regia Accademia dei Lincei sotto gli auspici e col sussidio del Re e del Governo.* Milano, Hœpli, 1894-96, in-fol., 10 fasc. parus.

7. *I manoscritti di Leonardo da Vinci della reale biblioteca di Windsor. Dell' anatomia fogli A, pubblicati da* Teodoro Sabachnikoff *trascritti e annotati da* Giovanni Piumati *con traduzione in lingua francese preceduti da uno studio di* Mathias-Duval. Parigi, Rouveyre, 1898, in-fol., 202 p., reprod. phototyp. de 18 feuillets mss. [La couverture imprimée porte un titre en français.]

8. Chez Rouveyre, en 1891.

d'une copie du poème de Marguerite de Navarre intitulé *Miroir de l'âme pécheresse*, exécutée par la princesse Élisabeth, plus tard reine d'Angleterre, alors qu'elle n'avait que onze ans. Ce manuscri est conservé à la Bodléienne [1].

De tous les manuels de paléographie qui ont paru en ces dernières années, le plus remarquable, comme le plus compréhensif, est celui de M. Thompson [2], dont la haute compétence est universellement reconnue. Il comprend à la fois la paléographie grecque et latine. C'est un modèle de clarté et de précision. De nombreux fac-similés insérés dans le texte et transcrits servent à appuyer les assertions de l'auteur. On approuvera le parti qu'on a pris de passer rapidement en revue les matières subjectives avant d'aborder l'étude des transformations de l'écriture, puisque la nature de cette matière a eu une influence sur le caractère même de l'écriture. Après avoir parlé de la forme des livres, de la ponctuation, de la tachygraphie et de la cryptographie, l'auteur a étudié la cursive des papyrus grecs, puis l'onciale et la minuscule des manuscrits grecs du moyen âge. Le premier chapitre de la paléographie latine est consacré aux écritures pré-carolingiennes. Un chapitre spécial est consacré aux écritures dites nationales et à la réforme caroline. Dans le reste du volume, l'auteur insiste surtout sur les écritures de la Grande Bretagne, exception faite des écritures des chancelleries pontificale et impériale. A la fin du volume on trouvera une liste méthodique des principaux ouvrages paléographiques et un copieux index.

Un aperçu intéressant sur la paléographie, grecque et latine, rédigé par M. Wölfflin, a été introduit dans le *Dictionnaire des Antiquités* de Baumeister [3].

Les éléments de la paléographie, grecque et latine, ont été exposés par M. Blass [4].

---

1. *The mirror of the sinful soul. A prose translation from the French of a poem by queen Margaret of Navarre, made in 1544 by the princess (afterwards queen) Elizabeth then eleven years of age. Reproduced in fac-simile, with portrait, for the royal Society of Literature of the United Kingdom and edited, with an introduction and notes, by Percy W. Ames.* London, Asher, 1897, in-8°, 45 p., 65 pl. en phototypie.

2. *Handbook of Greek and Latin palaeography by* Edward Maunde Thompson. London, Kegan Paul, 1893, in-12, ix-343 p. — Précédemment M. Thompson avait écrit pour l'*Encyclopædia Britannica* un long et substantiel article *Palæography*, qui a été traduit en italien et publié sous forme de volume : *Paleografia di E. M.* Thompson. *Traduzione dall' inglese con aggiunte e note di* Giuseppe Fumagalli. *Con 21 incisioni nel testo e 4 tavole in fototipia*. Milano, Hœpli, 1896, in-16, iv-156 p. (Manuali Hœpli).

3. *Denkmäler des klassisch. Altertums,* t. II, p. 4126-4143, fig. 4321-4335.

4. Dr Friedr. Blass. *Paläographie, Buchwesen und Handschriftenkunde : Handbuch der klassischen Altertumswissenschaft... herausgegeben von* Dr Iwan von Müller (München, 1892, in-8°), p. 296-355, pl. I-VI.

Le meilleur manuel de paléographie grecque est celui de Wattenbach [1], dont la troisième édition a paru en 1895. Nous ne citerons
que pour mémoire les *Éléments de paléographie grecque* de
M. Cucuel [2].

Le manuel publié par la librairie Picard [3], dont la première édition
a paru en 1890 et la seconde en 1892, ne s'applique qu'à la paléographie latine et française. Il est suivi d'un dictionnaire d'abréviations auquel le *Lexicon diplomaticum* de Walther a servi de base.
Il ne nous appartient pas d'en parler plus longuement. Nous nous
permettrons seulement d'insister sur le caractère élémentaire
et pratique de cet ouvrage , que quelques critiques n'ont pas
cru devoir prendre en considération. Deux recueils de fac-similés mentionnés plus haut forment comme le complément de ce
manuel.

Les *Éléments de paléographie et de diplomatique* du chanoine
Reusens, parus en 1891 à Louvain, sous forme de plaquette autographiée, de 118 pages, ont été avantageusement remplacés par les
Éléments de paléographie du même auteur [4]. Le premier fascicule
contient l'étude des écritures latines pré-carolingiennes, des écritures dites nationales, des abréviations, des signes spéciaux, de la
tachygraphie, etc. C'est un bon manuel pratique, encore qu'on puisse
regretter quelque confusion dans le plan.

Sous le titre de *Programma scolastico di paleografia latina* [5], le
professeur G. Paoli a présenté un tableau succinct des écritures
latines jusqu'au xvᵉ siècle, avec des notions sur les abréviations, la
tachygraphie, la cryptographie, les signes accessoires de l'écriture,
les chiffres et la notation musicale. Il faut encore citer quelques
exposés sommaires de la paléographie latine, comme celui d'Arndt

1. W. Wattenbach. *Anleitung zur griechischen Palæographie*, Dritte Auflage.
Leipzig, 1895, in-8°, 128 p.
2. Charles Cucuel. *Éléments de paléographie grecque d'après la Griechische
Palæographie de V. Gardthausen*. Paris, Klincksieck, 1891, in-12, 224 p., 2 pl.
en lithogr. (Nouvelle collection à l'usage des classes, XVIII.)
3. *Manuel de paléographie latine et française du VI° au XVII° siècle, suivi d'un
Dictionnaire des abréviations avec 23 fac-similés en phototypie*, par Maurice
Prou. Paris, Picard, 1890, in-8°, 387 p. — 2° édition. Paris, Picard, 1892, in-8°,
463 p.
4. Le chanoine Reusens, *Éléments de paléographie. Premier fascicule*. Louvain,
chez l'auteur, 1897, in-8°, 184 p., 20 pl. en phototypie, nombr. vign. dans le
texte. — Le 2° et dernier fascicule, p. 185-496, a paru en 1899.
5. *Programma scolastico di paleografia latina e di diplomatica esposto da* Cesare
Paoli. I. *Paleografia latina* (2° edit.). Firenze, Sansoni, 1888, in-8°, VII-59 p.
(Biblioteca di Bibliografia e Paleografia.) Le manuel de M. C. Paoli a été traduit
en allemand sous le titre : Ces. Paoli. *Grundriss zu Vorlesung über lateinische
Paläographie und Urkunden-Lehre.* I. *Lateinische Paläographie. Zweite erweiterte
Auflage übers. von* Karl Lohmeyer. Innsbruck, Wagner, 1889, in-8°, x-94 p.

dans là *Grundriss der germanischen Philologie* [1], article traduit en français par M. Bacha, qui y a ajouté une bibliographie [2], et le précis de M. W. Schum [3], dans les principes.de philologie romane de Gröber.

Quelques manuels s'appliquent plus spécialement au déchiffrement des manuscrits d'un pays particulier, par exemple celui de M. Thoyts [4], qui a été rédigé à un point de vue anglais ; les exemples d'écriture y sont réduits à une échelle trop petite pour pouvoir être utilisés. Citons encore un manuel de M. Cosentino [5], relatif aux documents siciliens.

Dans un discours d'ouverture prononcé en 1888, à l'Institut des études supérieures à Florence, M. C. Paoli [6] a retracé l'histoire de l'écriture latine depuis l'antiquité jusqu'à l'apparition de la minuscule des humanistes florentins.

C'est encore à un savant italien [7] que l'on doit une monographie de la lettre A dans l'écriture latine.

A côté des manuels doivent se placer des livres d'un caractère moins didactique et dont le but est de présenter une histoire des livres au moyen âge, considérés au triple point de vue de la forme, de l'écriture et de l'ornementation. Tels les ouvrages de M. Lecoy de la Marche [8] et de M. Auguste Molinier [9], ce dernier ayant su joindre à l'agrément de l'exposition qu'exige un livre destiné au grand public, des observations personnelles faites directement sur les manuscrits. Tel encore, en Angleterre, le livre de M. Falconer

---

1. W. Arndt. *Schriftkunde. Lateinische Schrift : Grundriss der germanischen Philologie* (Strassburg, 1891, in-8°), I, p. 251-265. Le même vol. contient, p. 238-250, un article de Eduard Sievers, intitulé *Runen und Runeninschriften*, avec une planche.

2. W. Arndt. *La Paléographie latine. Traduit de l'allemand par Eugène Bacha.* Liège, 1891, in-8°, 26 p.

3. Wilhelm Schum. *Paläographie der Handschriften : Grundriss der romanischen Philologie... herausgegeben von Gustav Gröber*, I (Strassburg, Trübner, 1888, in-8°), p. 163-196, pl. III et IV.

4. E. E. Thoyts. *How to decipher and study old documents : being a guide to the reading of ancient manuscripts. With an introduction by* Ch. Trice Martin. London, E. Stock, 1893, XII-143 p.

5. Giuseppe Cosentino. *Programma di paleografia e diplomatica dei documenti siciliani.* Palermo, tip. dello Statuto, 1888, in-8°, 18 p.

6. Cesare Paoli. *La Storia della scrittura nella storia della civiltà, considerata specialmente nelle forme graphice latine del medio evo.* Firenze, 1888, in-8°, 109 p. (Extr. de l'*Annuario del r. Istituto di studi superiori pratici in Firenze*, 1888-89.)

7. A. Monaci. *Per la storia d. A nella scrittura latina.* Roma, Forzani, 1889, n-8°, 12 p.

8. *Les Manuscrits et la Miniature, par* A. Lecoy de la Marche. Paris, Quantin, 1890, in-8°, 357 p. (Bibliothèque de l'enseignement des beaux-arts.)

9. *Les Manuscrits, par* Auguste Molinier. Paris, Hachette, 1892, in-8°, 335 p. (Bibliothèque des Merveilles.)

Madan [1], professeur de paléographie à l'Université d'Oxford.

Une revue destinée à faire connaître les manuscrits, à en donner la description, l'histoire, à signaler leur mise en vente, n'a eu qu'une existence éphémère [2].

En ces dernières années la découverte en Égypte, dans le Fayoûm, spécialement sur l'emplacement de l'antique Arsinoë, d'une quantité considérable de papyrus, qui ont pris place dans la collection de l'archiduc Rainer et dans les bibliothèques de Berlin, Londres, Paris et Oxford, a amplifié et renouvelé l'histoire de l'écriture grecque en même temps qu'apporté des documents importants à l'histoire de la littérature et du droit [3]. M. C. Hæberlin a tracé l'historique de ces trouvailles et dressé la bibliographie des papyrus grecs [4].

Ceux des papyrus de l'archiduc Rainer qui sont exposés ont donné lieu à la rédaction par MM. Karabacek et K. Wessely, d'un catalogue qui, en raison du grand nombre de fac-similés dont il est orné, est un ouvrage fondamental pour les paléographes [5]. Une vitrine a été consacrée aux matières subjectives de l'écriture autres que le papyrus, employées en Égypte, tablettes de bois et de cire, et terre cuite (ostraka). Des tablettes de bois donnent un texte de l'Hekale de Callimaque sur lequel nous reviendrons. Les papyrus grecs (p. 63-130) ont été décrits par M. K. Wessely : ce sont des actes grecs compris entre l'an 83 et l'an 618 après Jésus-Christ, puis quelques actes du VIIe siècle postérieurs à l'occupation de l'Egypte par les Perses, mais antérieurs à la conquête arabe, auxquels on a joint quelques actes en latin du IVe au VIe siècle. Viennent enfin les papyrus grecs littéraires,

1. Falconer Madan. *Books in manuscript. A short introduction to their study and use, with a chapter on records.* London, Kegan Paul, Trench, Trübner and Cie, 1893, in-8°, xv-188 p., 8 pl.

2. *Le Manuscrit. Revue spéciale de documents manuscrits, livres, chartes, autographes, etc., concernant leur curiosité historique, artistique, bibliographique, etc. Donnant la description et la reproduction de ces documents et traitant de toutes les questions qui s'y rattachent.* Journal mensuel. Directeur : Alphonse Labitte. Paris, 1894 et 1895, 2 vol. in-4°, 192 p.

3. Une conférence du Dr J. Karabacek dans la séance solennelle de l'Académie des sciences de Vienne du 29 mai 1889, a eu pour objet de mettre en lumière les données fournies par les papyrus de l'archiduc Rainer : *Die Feierliche Sitzung der kaiserlichen Akademie der Wissenschaften am 29 mai 1889.* Wien, F. Tempsky, 1889, in-8°, 116 p.

4. C. Hæberlin. *Griechische Papyri: Centralblatt für Bibliothekswesen,* XIV 1897), p. 1 à 13, 201-225, 263-283, 307 à 361, 389-412. (La bibliographie se trouve dans le premier de ces articles.) — Voyez encore sur les découvertes de papyrus : Georg Steindorff, *Vierzehn Jahre ægyptischer Ausgrabungen : Rodenbergs Deutsche Rundschau,* XXI, p. 261-284; O. Crusius, *Die neuesten Papyrusfunde : Beilage zur Allgemeinen Zeitung.* n° 80 (7 avril 1896), p. 1-3.

5. *Papyrus Erzherzog Rainer. Führer durch die Ausstellung.* Mit 20 Tafeln und 90 Textbildern. Wien, A. Hölder, 1894, gr. in-8°, xxiii-293 p.

Un recueil des papyrus de cette collection a été entrepris. Le premier volume, consacré aux actes juridiques grecs, ne renferme pas de fac-similés [1]. Nous n'avons pas à nous occuper du second volume. qui contient des actes coptes.

En outre, M. Karabacek dirige, sous le titre de *Mittheilungen aus der Sammlung der Papyrus Erzherzog Rainer*, une publication où prennent place des dissertations sur les papyrus de cette collection. De 1888 à 1897 ont paru les volumes IV et V et les quatre premiers fascicules du sixième volume [2]. Nous signalerons dans le volume IV les observations paléographiques de MM. L. Pfaff et F. Hofmann [3] sur un parchemin contenant un fragment latin *de formula Fabiana*, antérieur à 533 et dont l'écriture est analogue à celle du manuscrit de Gaius, de Vérone ; dans le volume V, un papyrus avec un fragment de comédie en dialecte dorien [4], et aussi des fragments d'Euripide [5] ; enfin, dans le volume VI, les tablettes de bois où sont transcrits des fragments de l'Hekale de Callimaque [6].

Les actes grecs sur papyrus provenant d'Égypte et conservés au musée de Berlin ont fait l'objet d'un catalogue [7] accompagné de transcriptions, mais auquel on n'a joint jusqu'ici que deux planches phototypiques, l'une reproduisant une lettre de l'an 135 après Jésus-Christ, l'autre un acte de l'an 152 et un fragment de lettre du

---

1. *Corpus papyrorum Raineri archiducis Austriæ*. Vol, 1. *Griechische Texte herausgegeben von Carl Wessely. I Band. Rechtsurkunden. Unter Mitwirkung von Ludwig Mitteis*. Wien, K. K. Hof-und Staatsdruckerei, 1895, in-4°, vii-298 p.

2. *Mittheilungen aus der Sammlung der Papyrus Erzherzog Rainer*. Vierter Band, mit 6 Tafeln und 4 Textbildern. Wien, K. K. Hof-und Staatsdruckerei, 1888, in-4°, 148 p.; Fünfter Band, mit 2 Lichtdrucktafeln und 8 Textbildern, 1892, 134 p.; Sechster Band. Heft 1 bis 4, mit 2 Tafeln in Licht-und Steindruck, 1897, 118 p.

3. L. Pfaff und F. Hofmann. *Fragmentum de formula Fabiana : Mittheilungen*, etc., IV, p 1 56, pl. A et B, I et II.

4. Th. Gomperz. *Ein griechisches Komödienbruchstück in dorischer Mundart*. Mit einem Textbilde in Lichtdruck : *Mittheilungen*, etc., V, p. 1-19.

5. *Papyrusfragment des Chorgesanges von Euripides Orest 330 ff. mit Partitur*. Mit einem Textbilde in Lichtdruck : *Mittheilungen*, etc., V, p. 65-73. — W. Weinberger. *Euripides Phönissen 1097-1107 und 1126-1137 auf einer Holztafel. Mit einer Schriftprobe als Textbild : Ibid.*, p. 74-77. — Signalons encore : G. Bickell. *Ein letztes Wort über das Papyrus-Evangelium : Ibid.*, p. 78-82.

6. Th. Gomperz. *Aus der Hekale des Kallimachos. Neue Bruchstücke : Mittheilungen*, etc., V, p. 1-12, 2 planches. (Il existe un tirage à part daté de 1893.)

7. *Aegyptische Urkunden aus den königlichen Museen zu Berlin. Herausgegeben von der Generalverwaltung. Griechische Urkunden.* Erster Band. Mit zwei Lichtdruck-Tafeln. Berlin, Weidmann, 1895, in-4°, 352 feuillets autographiés, 4 p. imprimées (p. 353-399), 6 feuillets supplément. autograph., 2 pl, en phototypie. — Du second volume, onze fascicules ont paru (352 feuillets autograph.), contenant quelques papyrus latins; pas de fac-similés. — Le catalogue des antiquités égyptiennes des Musées royaux de Berlin contient un catalogue des papyrus (p. 370-390), mais pas de fac-similés : *Königliche Museen zu Berlin. Ausführliches Verzeichniss der ægyptischen Altertümer.* Berlin, Spemann, 1894, in-8°.

même siècle; sur une page autographiée du premier volume ont été figurées les sigles des poids et mesures, monnaies et nombres.

M. Kehr [1] a publié un acte romain sur papyrus, conservé aux archives de Marburg.

Bien que le catalogue des papyrus grecs du British Museum ne contienne pas de fac-similés, nous devons le signaler à cause des remarques paléographiques groupées dans l'introduction [2]. D'ailleurs un atlas de fac-similés avait paru antérieurement [3]. De plus on a réuni en un volume les fac-similés de papyrus à textes classiques du British Museum [4]. On a laissé de côté les papyrus précédemment reprodui·s dans divers ouvrages. Chaque planche est accompagnée de remarques paléographiques, philologiques et littéraires. Les auteurs grecs qui figurent dans ce recueil sont Hérodas, Hypéride, Démosthène, Isocrate, Homère et Tryphon.

A paru avec une préface de M. Edward Scot, la reproduction du manuscrit de la constitution d'Athènes, d'Aristote, transcrite au verso d'un papyrus qui au recto présente des comptes du temps de l'empereur Vespasien [5]. Tout récemment le British Museum a publié le fac-similé des Odes de Bacchylide [6], dont M. Kenyon a donné la première édition [7].

L'académie royale irlandaise a consacré deux fascicules importants aux papyrus grecs recueillis par M. Flinders Petrie [8].

Un rouleau de 59 pieds de long, écrit par une douzaine de scribes différents, et contenant des lois fiscales et des règlements sur la

1. P. Kehr. *Ueber eine römische Papyrusurkunde im Staatsarchiv zu Marburg. Mit drei Facsimile auf zwei Tafeln.* Berlin, Weidmann, 1896, in-4°, 28 p., 2 pl. en phototypie. (Abhandlungen der k. Gesellschaft der Wissenschaften zu Göttingen. Philologish-histor. Klasse, Neue Folge, I, n° 1.)
2. *Greek Papyri in the British Museum. Catalogue with texts.* Edited by F. G. Kenyon. Printed by order of the Trustees, London, 1893, in-4°, xv-296 p.
3. *Greek Papyri in the British Museum. Facsimiles.* Printed by order of the Trustees. London. 1883, in-fol., 4 p., 150 pl. en phototypie.
4. *Classical texts from Papyri in the British Museum including the newly discovered poems of Herodas edited by* F. G. Kenyon. *With autotype facsimiles of mss.* Printed by order of the Trustees, London, 1891, in-4°, vi-116 p. de texte, 9 pl. en phototypie.
5. Ἀθηναίων πολιτεία. *Aristotle on the Constitution of Athens. Facsimile of Papyrus CXXXI in the British Museum.* Second edition. Printed by order of the Trustees. London, 1891, in-fol., vi p. de texte, 22 pl. en phototypie.
6. *The poems of Bacchylides. Facsimile of Papyrus DCCXXXIII in the British Museum.* Printed by order of the Trustees. [London], 1897, in-fol. 4 p., 20 pl. en phototypie.
7. *The poems of Bacchylides from a papyrus in the British Museum, edited by* Frederic G. Kenyon. London, 1897, in-8°, lxiii-246 p.
8. Rev. John P. Mahaffy. *On the Flinders Petrie Papyri with transcriptions, commentaries and index.* — Part I. *With thirty autotypes.* — Part II. *With eighteen autotypes.* — Appendix. *Autotypes I to III.* — Dublin, 1891-1894, in-4°. (Royal Irish Academy, Cunningham Memoirs, n°s VIII et IX.)

perception des impôts au temps de Ptolémée II Philadelphe, découvert dans le Fayoûm par MM. Flinders Petrie et Grenfell, a été publié par ce dernier [1].

La Société anglaise de l'exploration de l'Egypte (*Offices of the Egypt exploration Fund*) annonce pour l'année 1898 la publication, par MM. Grenfell et Hunt, d'un recueil de papyrus avec fac-similés. Le premier volume comprendra le premier chapitre de l'Évangile de saint Mathieu, les actes de Paul et Thècle, un poème de Sapho, des fragments de Sophocle, Platon, Xénophon, Isocrate, Démosthène, etc.

En Russie nous ne trouvons que les notes paléographiques de M. Novossadsky [2] sur le manuscrit de la Bibliothèque nationale, suppl. grec 574, édité en 1888 par C. Wessely dans les *Denkschriften* de l'Académie de Vienne.

Les papyrus du Vatican ne sont pas très anciens ; ce sont des actes privés ou des lettres pontificales. Le catalogue qu'en a donné M. Marucchi [3] ne contient qu'un fac-similé d'un fragment d'une lettre de Léon IV de l'an 849 [4].

La France n'est pas restée en arrière dans l'étude des papyrus grecs. M. Revillout a reproduit le plaidoyer d'Hypéride contre Athénogène [5].

Le tome IX des *Mémoires* de la mission archéologique française au Caire est presque entièrement consacré à l'étude des papyrus. C'est d'abord le papyrus mathématique d'Akhmim, qui se présente sous la forme d'un codex, couvert d'une écriture cursive de l'époque byzantine. Des planches phototypiques sont annexées au mémoire rédigé par M. J. Baillet [6] et dans lequel la paléographie tient une

1. *Revenue Laws of Ptolemy Philadelphus edited from a greek Papyrus in the Bodleian Library, with a translation, commentary and appendices by B. P. Grenfell and an introduction by J. P. Mahaffy. With thirteen plates.* Oxford, 1896, in-4°.

2. N. Novossadsky. *Ad papyrum magicam bibliothecæ papisinæ nationalis adnotationes palæographicæ.* Petropoli, 1895, in-8, 9 p.

3. *Monumenta papyracea latina bibliothecæ Vaticanæ... recensuit et digessit Horatius Marucchi... Accedit de aula vaticana papyrorum epistola Josephi Cozza-Luzi.* Romæ, ex typis vaticanis, 1895, in-4°, ix-57 p. ; 3 pl. en phototypie.

4. Les deux autres planches reproduisent des vues de la salle des papyrus au Vatican.

5. *Corpus papyrorum Ægypti a Revillout et Eisenlohr conditum,* t. III. *Papyrus grecs du Louvre,* etc., publiés par Eugène Revillout. 1er fasc. *Le plaidoyer d'Hypéride contre Athénogène.* Paris, Leroux, 1892, in-fol., 19 p., 17 pl. en héliogravure.

6. J. Baillet, *Le papyrus mathématique d'Akhmim : Mémoires publ. par les membres de la mission archéologique française au Caire sous la direct. de M. U. Bouriant,* t. IX (Paris, Leroux, 1892, in-fol.), p. i-ii, 1-89, avec 8 pl. dont 7 en phototypie.

place importante. M. Bouriant [1] a étudié et transcrit les fragments grecs du livre d'Énoch, dont nous avons signalé plus haut la reproduction intégrale. Deux traités de Philon publiés par M. Scheil [2] sont accompagnés de quatre planches dont l'une donne le fac-similé de la reliure du codex : il s'agit d'un papyrus du VIe siècle en onciale.

Venons aux monographies de manuscrits ; nous ne nous placerons qu'au point de vue paléographique, laissant de côté les études purement philologiques. Le marquis de Queux de Saint-Hilaire [3] a publié des extraits de la correspondance de Miller qui contiennent des renseignements pour l'histoire de la paléographie grecque.

M. Alfred Jacob [4] a consacré des notes aux manuscrits grecs palimpsestes de la Bibliothèque nationale ; ce travail forme la suite d'un autre précédemment paru dans les *Mélanges Renier*.

Les notices des manuscrits grecs d'Espagne et de Portugal rédigées par Charles Graux et complétées par Albert Martin sont accompagnées de soixante-trois fac-similés [5].

On conserve à la Bibliothèque nationale de Paris (suppl. grec. 1074) dix feuillets d'un manuscrit grec en onciale provenant de saint Paul provenant du monastère de Laura au mont Athos, auxquels M. H. Omont a consacré une notice [6], contenant des observations sur la forme des lettres, les abréviations et les accents, avec une transcription paléographique.

De beaux exemples d'écriture onciale grecque ont été reproduits sur les planches qui accompagnent le catalogue des manuscrits de la collection Miller, entrés à la Bibliothèque nationale [7] : pl. I, n° 1, Évangile selon saint Luc (VIIIe s.); n° 2, Parallèles sacrés de saint Jean Damascène (IXe s.); pl. II, n° 1, lectionnaire des Évangiles (VIIIe s.); n° 2,

1. M. Bouriant. *Fragments grecs du livre d'Énoch* : Ibid., p. 91-147.
2. V. Scheil, O. P. *Deux traités de Philon*. Φίλωνος, etc. : Ibid., p. 149-216, avec une introduct. de VIII p. et 4 pl. en phototypie.
3. Le Marquis de Queux de Saint-Hilaire. *La jeunesse de M. Miller* : *Revue des études grecques*, t. 1 (1888), p. 209-238.
4. Alfred Jacob. *Notes sur les manuscrits grecs palimpsestes de la Bibliothèque nationale* : *Mélanges Julien Havet*, p. 759-770.
5. *Notices sommaires des manuscrits grecs d'Espagne et de Portugal*, par Charles Graux, mises en ordre et complétées par Albert Martin. Paris, Leroux, 1892, in-8°, 323 p. (Extr. des *Nouvelles archives des Missions scientifiques et littéraires*, t. II). — *Fac-similés de manuscrits grecs d'Espagne gravés d'après les photographies de Charles Graux, avec transcriptions et notices par M. Albert Martin. Planches.* Paris, 1891, 18 pl. en héliogravure.
6. H. Omont. *Notice sur un très ancien manuscrit grec en onciale des épîtres de saint Paul conservé à la Bibliothèque nationale (H ad epistulas Pauli)* : *Notices et extraits*, etc., XXXIII, Ire partie, p. 141-192, avec 2 pl. en héliogravure.
7. *Bibliothèque nationale. Catalogue des manuscrits grecs, latins, français et espagnols et des portulans recueillis par feu Emmanuel Miller, publié par Henri Omont.* Paris, Leroux, 1897, in-8°, XV-137 p., 4 planches en phototypie.

les Raisons des choses monacales d'Évagre de Scété (ıxᵉ s.) ; pl. III,
nᵒˢ 1 et 2, lectionnaires des Évangiles (x-xıᵉ s.). L'auteur du catalogue,
M. H. Omont, a soigneusement déterminé et indiqué les caractères
de l'écriture des plus anciens manuscrits grecs de cette collection.
M. P. Batiffol [1] a étudié le manuscrit du Vatican gr. 1666, daté de
l'an 800, et qui est la plus ancienne traduction grecque des Dialogues
de saint Grégoire ; ce manuscrit présente une ornementation lombarde qu'on retrouve dans d'autres manuscrits grecs postérieurs,
des xᵉ et xıᵉ siècles.

M. Giuseppe Cozza-Luzi [2] a dressé le catalogue des évangéliaires
grecs en lettres d'or et d'argent sur parchemin pourpre conservés au
Vatican ; la planche en couleur annexée à son mémoire reproduit
une page du ms. grec 3785. A un article de M. Burkhard [3] sur les
manuscrits de Nemesius est joint le fac-similé d'une page du manuscrit de Dresde coté Da. 57. Citons les glanures paléographiques
de M. Politès [4]. M. Sturm [5] a signalé un copiste grec inconnu du
xvıᵉ siècle. M. Henri Omont [6] a retracé la biographie du dernier
des copistes grecs en Italie et dressé la liste des manuscrits exécutés par lui.

Les souscriptions de divers manuscrits grecs ont fourni à
MM. A. Jacob [7] et H. Lebègue [8] l'occasion d'examiner et de réformer
quelques dates.

Plusieurs manuscrits latins antérieurs à l'époque carolingienne ont
été décrits par M. L. Delisle [9] dans le catalogue des manuscrits des
fonds Libri et Barrois à la Bibliothèque nationale ; en outre, la calligraphie carolingienne y est représentée par plusieurs chefs-d'œuvre.

1. Pierre Batiffol. *Librairies byzantines à Rome : École fr. de Rome, Mélanges,* 1888, p. 297-308, pl. VIII.

2. Giuseppe Cozza-Luzi. *Pergamene purpuree Vaticane di evangeliario a carat-teri di oro e di argento.* Roma, tipogr. poliglotta della S. C. di Propaganda fide, 1887, in-fol, 15 p., 1 pl. photolith. en couleur et 13 pl. lithogr. (Dans le vol. intitulé : *Al sommo pontefice Leone XIII omaggio giubilare della Biblioteca Vati-cana,* Roma, 1888, in-fol.)

3. K.-J. Burkhard. *Die handschriftliche Ueberlieferung von Nemesius περὶ φύσεως ἀνθρώπου : Wiener Studien,* X (1888), p 93-135, pl.

4. N. Γ. Πολίτης. Παλαιογραφικὴ Σταχυολογία ἐκ τῶν μαγικῶν βιβλίων : *Byzantinische Zeitschrift,* I (1892), p. 556-571.

5. Jos. Sturm. *Franciscus Græcus, ein unbekannter Handschriftenschreiber des 16 Jahrhunderts : Byzantinische Zeitschrift,* V (1896), p. 560-564.

6. Henri Omont. *Le dernier des copistes grecs en Italie, Jean de Sainte-Maure* (1572-1612) : *Revue des études grecques,* I (1888), p. 177-191.

7. Alfred Jacob. *Quelques problèmes de comput : Revue de philologie,* XIII (1890), p. 1-11.

8. H. Lebègue. *Nouveaux problèmes de comput : Revue de philologie,* XIV (1891), p. 132-138.

9. Léopold Delisle. *Bibliothèque nationale. Catalogue des manuscrits des fonds Libri et Barrois.* Paris, Champion, 1888, in-8°, xcvi 331 p., 7 pl.

Les planches annexées à ce catalogue donnent des fac-similés très importants pour l'histoire de l'écriture et qui sont mis en valeur dans de courtes mais très substantielles notices. On consultera également les notes du même savant sur la collection du baron Dauphin de Verna[1] où s'est retrouvé un fragment d'une antique version latine de la Bible, en onciale du vi[e] siècle, et qui fait suite au Pentateuque de Lyon publié par M Ulysse Robert.

Pour l'étude de l'écriture capitale, on consultera un mémoire de M. Hauler[2] sur le manuscrit de Térence connu sous le nom de *Bembinus*; la publication paléographique d'un fragment de manuscrit de Plaute par M. Studemund[3]; un mémoire de Wattenbach[4] sur un livre des Évangiles en lettres d'or sur parchemin pourpre, de la fin du viie siècle.

L'un des plus anciens exemples d'écriture onciale sur parchemin (une onciale qui tourne à la minuscule) est celle que nous offre un feuillet d'un codex, contenant la *Formula Fabiana*, trouvé dans le Fayoûm, et que nous avons cité précédemment. M. Schepss[5] a minutieusement étudié un manuscrit de Priscillien, en onciale du ve ou vi[e] siècle. Au vi[e] siècle appartient un manuscrit en onciale de la Chronique de saint Jérôme, avec la continuation du comte Marcellin, conservé à la Bibliothèque Bodléienne à Oxford, et provenant du collège de Clermont à Paris; après l'avoir étudié dans l'Hermès[6], M. Mommsen en a donné deux fac-similés dans les *Monumenta Germaniæ*[7].

M. Wotke[8] a fait reproduire une page d'un manuscrit des Synonymes d'Isidore, sur papyrus et en onciale. On a retrouvé dans des

1. Du même. *Notes sur quelques manuscrits du baron Dauphin de Verna* : Bibl. de l'École des Chartes, LVI, p. 645-690. — Cf. une note du même savant *sur plusieurs manuscrits de la collection Dauphin de Verna* : Ibid., LVII, p. 159-169.
2. Edmund Hauler. *Paläographisches, historisches und kritisches zum Bembinus des Terenz* : Wiener Studien, XI, p. 268-287.
3. G Studemund. *T. Macci Plauti fabularum reliquiæ Ambrosianæ. Codicis rescripti Ambrosiani apographum confecit et edidit* Guilelmus Studemund. *Addita est tabula photographica.* Berolini, Weidmann, 1889, in-4, xxxii-524 p.
4. W. Wattenbach. *Ueber die mit Gold auf Purpur geschriebene Evangelienhandschrift der Hamiltonschen Bibliothek* : Sitzungsberichte der k. preuss. Akademie der Wissenschaften zu Berlin, 1889, p. 143-156.
5. G. Schepss. *Priscilliani quæ supersunt.* Vindob., Tempsky, 1888, in-8°, 224 p. (*Corpus scriptorum eccl. lat.*, XVIII.)
6. Th. Mommsen. *Die älteste Handschrift der Chronik des Hiëronymus* : Hermes, XXIV, p. 393-401.
7. Du même. *Marcellini V. C. comitis chronicon* : Monumenta Germaniæ historica. Auctor. antiquissimorum tomi XI pars. I (*Chronica Minora*). Berlin, 1893, in-4, 2 pl.
8. Wotke. *Isidors synonyma* (II, 50-103) *im Papyrus nr. 226 der Stiftsbibliothek von St. Gallen. Mit einer Tafel in Lichtdruck* : Sitzungsberichte der k. Akademie der Wissenschaften, Wien, Philolog.-histor. Classe, CXXVII, Abhandl. I, 18 p.

reliures de la bibliothèque de Stuttgart deux feuillets d'une antique version latine de la Bible, en onciale ; l'écriture de l'un de ces
feuillets s'était imprimée sur l'ais de la reliure ; M. Ranke [1] a transcrit
ces fragments. G. B. de Rossi [2] a consacré un mémoire au manuscrit
de la Bible, en onciale, écrit vers l'an 700, et connu sous le nom de
Codex Amiatinus. L'abbé Ceolfrid.de Wearmouth en Northumberland,
en fit hommage au Saint-Siège en l'an 716. A la transcription paléographique d'un manuscrit des Évangiles de Munich, M. White [3] a
joint un fac-similé qui donne un bel exemple de semi-onciale du
viie siècle. Un fragment du Code Théodosien [4] découvert dans la
bibliothèque du *Domgymnasium* à Halberstadt fournit des exemples
d'écritures onciale, semi-onciale et cursive.

L'étude la plus importante qui ait paru sur la calligraphie carolingienne (elle pourrait tout aussi bien rentrer dans le paragraphe que
nous consacrerons à l'ornementation des manuscrits) est celle que
plusieurs savants allemands ont consacrée à la Bible de Trèves [5],
entièrement écrite en lettres d'or, ornée de peintures, recouverte
d'une superbe reliure, et qu'avait fait confectionner une certaine *Ada*,
qui se qualifie simplement *ancilla Dei* et dont on a voulu faire une fille
naturelle de Pépin le Bref. M. Corssen a fait une étude comparée
des bibles carolingiennes en lettres d'or et établi une classification
qui, pour n'être pas définitive, sera désormais un point de départ
pour la répartition des manuscrits de luxe carolingiens entre les
diverses écoles de scribes.

1. *Illustri Universitati literarum Bononiensi a. d. III idus junias octava sæcularia celebranti gratulatur Universitatis literarum Marburgensis rector cum
senatu. Insunt Ernesti Ranke antiquissimæ veteris testamenti versionis latinæ
fragmenta stutgardiana nuper detecta. Quibus accedunt duæ tabulæ photographicæ.*
Marburgi, typis academic. Fridericianis, 1888, in-4, 3 feuill. 28 p., 2 pl.

2. G. B. de Rossi. *La Bibbia offerta da Ceolfrido abbate al sepolcro di
S Pietro, codice antichissimo tra i superstiti delle biblioteche della Sede apostolica.*
Roma, in fol., 22 p., 1 pl. en héliotypie (dans le vol. intitulé : *Al sommo pontefice
Leone XIII omaggio giubilare della Biblioteca Vaticana,* Roma, 1888, in-fol.).

3. *The four Gospels from the Munich ms.* (9i now numbered *lat.* 6224 *in the
royal library at Munich with a fragment from St. John in the Hof-Bibliothek at
Vienna* (cod. lat. 502) *edited, with the aid of Tischendorf's transcript (under the
direction of the bishop of Salisbury) by Henry J. White. With a facsimile.* Oxford, Clarendon Press, 1888, in-4°, LVI-166 p., 1 pl. en collotypie (Old-latin biblical
Texts, n° III).

4. W. Schum. *Ueber das Halberstädter Bruchstück einer Handschrift des Codex
Theodosianus : Zeitschrift der Savigny-Stiftung,* IX, *Romanistische Abtheil,*
p. 365-374, vign. dans le texte ; avec un appendice de Fitting, p. 374-375.

5. *Die Trierer Ada-Handschrift bearbeitet und herausgegeben von* K. Menzel,
P. Corssen, H. Janitschek, A. Schnütgen, F. Hettner, K. Lamprecht. *Mit
achtunddreissig Tafeln.* Leipzig, Dürr, 1889, in-fol., x-123 p., 38 pl. en chromolith. et phototypie (*Publikationen der Gesellschaft für Rheinische Geschichtskunde,*
VI.) — Cf. c. r. de Samuel Berger, dans *Bulletin critique,* 1890, p. 227-232 et un
c. r. de E. Dobbert, dans *Göttingische gelehrte Anzeigen,* 1890, p. 633-651.

Non moins importante est l'étude de M. L. Delisle [1] sur l'évangéliaire de Saint-Vaast d'Arras et sur toute une série de manuscrits
dont l'ornementation révèle une influence irlandaise, et qui ont été
écrits dans le nord-est de la France. A l'école de Reims se rattache
le manuscrit des Fables de Phèdre dont M. Ulysse Robert [2] a donné
une édition paléographique, précédée d'une étude sur les caractères
des manuscrits d'origine rémoise. Les conclusions de M. Robert ont
été résumées par M. L. Demaison [3]. Le Dr Zucker [4], comparant des
fragments d'évangiles en onciale attribués au vie siècle, et conservés à
Nuremberg, avec d'autres feuillets conservés à Münich et un manuscrit de Kremsmünster, les a restitués à l'époque carolingienne et a
établi un groupe de manuscrits d'origine allemande, où aux usages
introduits à l'époque carolingienne se mêlent des rappels de la tra-
dition irlandaise, de la zoomorphie mérovingienne et l'influence
byzantine. De même M. Paletta [5] a démontré que l'écriture d'un
manuscrit de l'Évangile de saint Luc, conservé à Pérouse, n'était
pas une onciale du vie siècle, mais une onciale carolingienne; en
outre, ce manuscrit n'est ni sur parchemin pourpre, ni en lettres
d'or. La composition d'un évangéliaire d'Aix [6], attribué au xe siècle,
doit être reculée au ixe siècle. Parmi les évangéliaires carolingiens
récemment étudiés, citons celui qui est conservé à Prague [7] et douze
autres à la bibliothèque universitaire de Wurzburg [8].

A mentionner encore un article de M. Haendke sur un évangéliaire du ixe siècle [9].

A propos du catalogue des manuscrits liturgiques du Vatican par

1. L. Delisle. L'evangéliaire de Saint-Vaast d'Arras et la calligraphie franco-
saxonne du IXe siècle. Paris, Champion, 1888, in-4°, 18 p., 6 pl. en héliogravure.

2. Ulysse Robert. Les Fables de Phèdre, édition paléographique publiée d'après
le manuscrit Rosanbo. Paris, impr. nat., in-8, xlvi-188 p., 2 pl.

3. Demaison. Une école de copistes à Reims au IXe siècle : Travaux de l'Académie de Reims, XCIV, p. 221-222.

4. Dr Zucker. Fragmente zweier karolingischer Evangeliarien in Nürnberg und
München und der Codex Millenarius in Kremsmünster : Repertorium für Kunstwissenschaft, XV, p. 26-36, 434-435.

5. Federico Patetta. Appunti da un Ms. della Capitolare di Perugia : Atti
della r. Accademia delle scienze di Torino, XXIX, p. 260-267.

6. St. Beissel. Das karolingische Evangelienbuch des Aachener Münsters :
Zeitschrift für christliche Kunst, I, col. 53-60.

7. Joseph Neuwirth. Ein Evangeliar aus der carolinger Zeit im Stifte Strahow
zu Prag : Mittheilungen der k. k. Central-Commission zur Erforschung und
Erhaltung der kunst-und historischen Denkmäler, XIV, p. 88-91, 1 pl., 1 fac-s. de
l'écriture dans le texte.

8. G. Schepss. Die ältesten Evangelien-Handschriften der Wurzburger Universitätsbibliothek : Blätter für das bayer. Gymnasialwesen, XXIV, 7e livr.

9. H. Haendke. Ein Evangeliar aus dem 9 Jahrhunderte : Anzeiger für schwei-
zerische Altertumskunde, XXVI, fasc. 2 et 3.

H. Ehrensberger [1], M. L. Delisle [2] a déterminé les caractères de toute une classe d'évangéliaires qui contiennent les quatre Évangiles et qui n'en sont pas moins des livres liturgiques ; ils étaient précédés d'une table qui permettait de retrouver les morceaux à réciter aux diverses fêtes de l'année. Il y a souvent des notes relatives à leur emploi. M. L. Delisle cite un évangéliaire du x° siècle dans lequel les pages contenant « le récit de la Passion selon saint Mathieu ont reçu, au xıı° siècle, des notes tracées en vermillon qui indiquent la façon dont se récitait l'évangile du dimanche des Rameaux ; on y voit soigneusement marquées les intonations qui distinguaient le récitatif, les paroles du Christ et celles des autres personnages. »

Une notice de M. L. Delisle [3], bien qu'elle porte le millésime de 1898, doit être signalée ; car elle fait connaître un manuscrit d'une importance capitale pour les origines de la minuscule caroline. C'est un livre contenant des textes pour l'enseignement de la dialectique, offert à l'église de Lyon par l'archevêque Leidrade, qui siégea de 798 à 814.

M. Paul Clemen [4] a dressé la liste des manuscrits sortis de Fulda pendant la période carolingienne.

M. Th. von Sickel [5] a, dans ses prolégomènes à l'édition du *Liber diurnus*, présenté d'importantes considérations sur l'origine de la minuscule caroline, qui d'ailleurs n'ont pas été généralement acceptées : les scribes italiens auraient été sur ce point les précurseurs des Français.

M. L. Delisle [6] a fait connaître un nouveau manuscrit des Miracles de Grégoire de Tours (Bibl. nat., latin. nouv. acq. 1712), en minuscule du ıx° siècle, provenant de la cathédrale de Beauvais.

M. G. de Vries [7] a étudié plusieurs manuscrits de Cicéron, dont

1. Hugo Ehrensberger. *Libri liturgici bibliothecæ apostolicæ Vaticanæ manuscripti.* Friburgi Brisgoviæ, sumptibus Herder, 1897, gr. in-8, xıı-591 p.
2. L. Delisle. *Manuscrits liturgiques du Vatican : Journal des Savants*, 1897, p 286.
3. *Notice sur un manuscrit de l'église de Lyon du temps de Charlemagne.* Paris, Klincksieck, 1898, in-4, 16 p., 3 pl. en phototypie. (Tiré des *Notices et Extraits des manuscrits*, xxxv, 2° partie.)
4. Paul Clemen. *Studien zur Geschichte der karolingischen Kunst.* I. *Die Schreibschule von Fulda : Repertorium für Kunstwissenschaft*, XIII, p 123-135.
5. Th. R. v. Sickel. *Prolegomena zum Liber diurnus I. Mit einer Tafel: Sitzungsberichte der kaiserl. Akademie der Wissenschaften, Philolog.-histor. Classe* Wien), CXVII, 76 p., 1 pl. en phototypie.
6. *Un nouveau manuscrit des livres des Miracles de Grégoire de Tours*, par M. L. Delisle : *Mélanges Julien Havet*, p. 1-14, avec un fac-s. en phototypie.
7. *Exercitationes palæographicas in bibliotheca Universitatis Lugduno Batavæ instaurandas indicit S. G. de Vries. Inest Commentatiuncula de codice Ciceronis Cat. Mai. Ashburnhamensi nunc Parisino.* Lugduni Batavorum, Brill, 1889, in-8. 45 p.

quelques-uns ont tous les caractères de l'école de Tours, tels qu'ils ont été déterminés par M. L. Delisle.

M. F. Marx [1] a recherché les relations des divers manuscrits de la *Rhetorica ad Herennium* entre eux et établi que diverses copies carolingiennes sont sorties d'un prototype en onciale.

Les recherches de M. Traube [2] sur la transmission des auteurs de l'antiquité latine au moyen âge sont une importante contribution à l'histoire des écoles d'écriture carolingiennes, et spécialement de l'école de Tours. M. Chatelain [3] a étudié la composition du manuscrit de Tite-Live, dit *Codex Puteanus*, conservé au Vatican, et auquel ont collaboré huit scribes différents qui ont signé chacun le cahier qu'ils avaient écrit. Il en a rapproché un Bréviaire d'Alaric copié au xe siècle (Bibl. nat., nouv. acq. lat. 1631), où l'on trouve les signatures de douze copistes qui ont tracé leurs noms en caractères grecs. M. P. Schwenke [4] a démontré que les scribes du *Codex Puteanus* signalés par M. Chatelain appartenaient au monastère de Saint-Martin de Tours; ils sont mentionnés dans le livre de fraternité de Saint-Gall. Un remarquable exemple du travail simultané de plusieurs scribes pour la transcription d'un même manuscrit a été donné par M. Wotke [5] : il s'agit du ms. lat. 12236 de la Bibliothèque nationale, partie en onciale, partie en minuscule.

On trouvera encore des exemples de minuscule caroline dans les volumes consacrés par M. Valentin-Smith [6] à la publication des manuscrits de la loi Gombette.

Dans un mémoire relatif à l'ancienne bibliothèque du monastère de la Novalaise, en Piémont, M. C. Cipolla s'est arrêté à l'étude d'un manuscrit provenant de cette bibliothèque, et qui contient deux feuillets des Homélies de saint Césaire en minuscule caroline, peut-être postérieure au ixe siècle [7].

1. Frid. Marx. *De Rhetorica ad Herennium commentatio critica.* Gryph., Kunike 19 p. (Index scholarum in universitate litter. Gryphiswaldensi per semestre æstivum anni 1894 habendarum.)

2. L. Traube. *Untersuchungen zur Ueberlieferungsgeschichte römischer Schrift-steller: Sitzungs-Berichte der K. B. Akademie der Wissenschaften zu München,* 1891, p. 367-428. — Du même. *Schreiber Lotharius von S. Amand : Centralblatt für Bibliothekswesen,* IX, p. 87-88.

3. Émile Chatelain. *Le Reginensis 762 de Tite-Live. Note sur la transcription des manuscrits au IXe siècle : Revue de Philologie,* XIV, p. 79-85.

4. P. Schwenke : *Centralblatt für Bibliothekswesen,* VII, p. 440-441.

5. K. Wotke. *Wie verfuhr man beim Abschreiben von Handschriften im Mittelalter : Zeitschrift für die œsterreichischen Gymnasien,* XLII, p. 296-297.

6. *La loi Gombette. Reproduction intégrale de tous les manuscrits connus, recueillis, publiés et annotés par J.-E. Valentin-Smith.* Lyon, Brun, 1889-1894, in-8e, 14 fasc.

7. Carlo Cipolla. *L'antica biblioteca Novaliciense e il frammento di un codice delle omelie di S. Cesario: Memorie della r. Accademia delle scienze di Torino,* ser. 2., XLIV, *scienze morali.* p. 71-88 (uno pl. en phototypie).

Pour l'écriture de la chancellerie pontificale, signalons un mémoire dans lequel M. A. Monaci [1] a recherché les traces de l'influence byzantine sur cette écriture; comme l'a remarqué Wattenbach, la forme ω de l'a ne dérive nullement du grec. M. L. Delisle [2] a signalé dans un registre de Saint-Martin du Canigou, conservé aux archives des Pyrénées-Orientales, deux copies de bulles, l'une du pape Serge IV, l'autre d'Alexandre III, dans lesquelles les copistes ont imité l'écriture pontificale avec une telle perfection que si ces transcriptions avaient été faites sur des feuilles de parchemin isolées, l'on n'aurait pas hésité à les prendre pour des expéditions originales.

M. Delisle [3] a annexé à une étude historiographique sur Adémar de Chabannes six planches en héliogravure reproduisant des pages de divers manuscrits de cet auteur.

Le fac-similé d'une page d'un Florus, en minuscule du xie siècle, a été joint au *Catalogue des manuscrits .... recueillis par feu Emmanuel Miller*, publié par M. H. Omont et précédemment mentionné.

On trouvera de bons exemples de l'écriture diplomatique à Rome au xie siècle dans le cartulaire de S. Maria in Via lata [4]; c'est, semble-t-il, à tort qu'à cause de la ressemblance entre cette écriture et celle de la chancellerie pontificale, et parce que les notaires s'intitulent *scriniarii S. Romanæ Ecclesiæ*, l'éditeur a conclu que ces notaires faisaient partie de la chancellerie pontificale.

Un manuscrit du xie siècle, le martyrologe d'Adon, aujourd'hui conservé à la Bibliothèque de Berlin, et provenant du monastère de la Novalaise, a été de la part de M. Carlo Cipolla l'objet d'une étude paléographique [5]. Le même auteur, dressant la liste des manuscrits provenant de cette abbaye qu'il a pu retrouver, s'est arrêté spécialement à la description d'un missel du xiie siècle [6].

Signalons un bel exemple d'écriture cassinésienne de la fin du xie siècle dans le fac-similé joint à la note de M. l'abbé Batiffol sur

1. A. Monaci. *Sulla influenza bizantina nella scrittura delle antiche bolle pontificie : Archivio della r. Società romana di storia patria*, IX, p. 283-286.
2. L. Delisle. *Imitation d'anciennes écritures par des scribes du moyen âge : Revue archéologique*, 3e sér., XVI, p. 63-65, pl. XII-XIII en héliograv.
3. Léopold Delisle. *Notice sur les manuscrits originaux d'Adémar de Chabannes.* Paris, impr. nat., 1896, in-4°, 118 p., 6 pl. en héliogravure. (Tiré des *Notices et extraits des manuscrits*, etc , XXV, Ire partie, p. 241-358.)
4. *Ecclesiæ S. Mariæ in Via lata tabularium. Partem vetustiorem quæ complectitur chartas inde ab anno 921 usque ad a. 1043 conscriptas... edidit* Ludovicus Hartmann, Vindobonæ, Gerold, 1895, in-4°.
5. Carlo Cipolla. *Appunti del Codice Novaliciense del « Martyrologium Adonis » : Memorie della r. Accad. delle scienze di Torino*, ser. 2, XLIV, *Scienze morali*, p. 115-120 (2 pl. en photolypie).
6. Du même. *Notizia di alcuni codici dell' antica Biblioteca Novaliciense : Ibid.*, p. 193-242 (1 pl. en phototypie donnant diverses pages ou fragments de pages du missel; à la p. 229, vignettes reproduisant des lettrines initiales).

un bréviaire du Mont-Cassin conservé à la Bibliothèque Mazarine [1].

M. L. Delisle [2] a étudié un manuscrit italien du XIIᵉ siècle contenant le traité de Cassiodore *De anima* et celui de saint Augustin *De vera religione* et qui tire sa valeur du fait qu'il contient plusieurs pages et des notes marginales de la main de Pétrarque. M. Gloria [3] a signalé un autographe d'Irnerius.

M. L. Delisle [4] a consacré un mémoire à un psautier latin-français du XIIᵉ siècle d'origine anglaise, qui présente une particularité paléographique : le copiste s'est servi de l'*o* barré pour figurer la diphtongue *œ* ou *eo* ; ce qui explique des anomalies orthographiques de certains manuscrits anglo-normands copiés sur des manuscrits où l'*o* barré avait été employé pour *œ* ou *eo*.

Dans un autre mémoire M. L. Delisle [5] a mis en lumière les influences réciproques des calligraphies française et anglaise.

M. S. Berger [6] a présenté des observations sur l'écriture d'une bible qui a appartenu à Jean de Dürbheim, archevêque de Strasbourg, et chancelier d'Albert d'Autriche, roi des Romains. Une étude sur les manuscrits de Jacopone da Todi est l'œuvre de M. Moschetti [7]. M. Marchesini a étudié les manuscrits de Villani et spécialement il a établi que le ms. laur. Ashburnam 942 est autographe [8]. Signalons une note sur la bible de Philippe le Bel et ses vicissitudes [9].

M. P. de Nolhac [10] a donné des fac-similés de l'écriture de Pétrarque; il y a joint un mémoire qui complète celui qu'il avait commu-

---

1. L'abbé Pierre Batiffol. *Note sur un bréviaire cassinésien du XIᵉ siècle : Mélanges Julien Havet*, p. 201-209, avec un fac-s. en héliograv.
2. L. Delisle, *Notice sur un livre annoté par Pétrarque*. Paris, Klincksieck, 1896, in-4°, 20 p., 2 pl. en héliogravure. (Tiré des *Notices et extraits des mss.*, XXXV, 2ᵉ partie.)
3. Andrea Gloria. *Autografo d'Irnerio e origine della Università di Bologna*. Padova, tip. M. Giammartini, 1888, in-4°, 12 p., 1 pl.
4. Léopold Delisle. *Notice sur un psautier latin-français du XIIᵉ siècle (ms. latin 1670 des nouvelles acquisitions de la Bibliothèque nationale)*. Paris, Klincksieck, 1891, in-4°, 18 p., 1 pl. en héliogr. (Tiré des *Notices et extraits*, XXXIV, Iʳᵉ partie, p. 259-272.)
5. *Sir Kenelm Digby et les anciens rapports des bibliothèques françaises avec la Grande-Bretagne. Communication faite à la Library Association of the United Kingdom par Léopold Delisle... le 12 septembre 1891, à Paris*. Paris, Plon, in-12, 27 p.
6. *Bulletin de la Société nationale des Antiquaires de France*, 1894, p. 178-183.
7. A. Moschetti. *I codici marciani contenenti laude di Jacopone du Todi, descritti ed illustrati. Aggiunta un' appendice sui codici Jacoponiani di altre biblioteche venete*. Venezia, tip. dell' Ancora, 1888, in-16, 150 p.
8. U. Marchesini. *Due manoscritti autografi di Filippo Villani : Archivio storico italiano*, 5ᵉ ser., II (1888), p. 366-393.
9. *La Bible de Philippe le Bel : Biblioth. de l'École des Chartes*, LV, p. 427.
10. P. de Nolhac. *Fac-similés de l'écriture de Pétrarque et appendices au Canzoniere autographe : École franç. de Rome, Mélanges*, 1887, p. 1-29, pl. I à IV.

niqué en 1886 à l'Académie des Inscript'ons sur le *Canzoniere* (Paris, Klincksieck, 1886, in-16, 30 p.). On doit à M. Hauvette [1] des notes sur quelques manuscrits autographes de Boccace.

On a signalé dans la Bibliothèque de l'École des Chartes [2] un volume de l'*Information des princes*, le ms. 870 de Grenoble, comme pouvant avoir appartenu au maréchal Boucicaut. Une autre note anonyme [3] a fait connaître le nom d'un scribe de la seconde moitié du xv⁰ siècle, Jean du Breuil.

Un fac-similé publié par M. Douais [4] est intéressant : c'est un feuillet qui servait de couverture à un registre de notaire de Toulouse, et sur lequel un professeur d'écriture du xv⁰ siècle a tracé des modèles d'écritures de différents corps.

M. H. Omont [5] a présenté dans *la Grande Encyclopédie* une classification rationnelle des abréviations grecques et latines et dégagé les principes qui ont présidé à leur formation en même temps qu'esquissé l'histoire de leur usage dans les manuscrits. L'ouvrage du professeur Lehman ne s'applique qu'à la tachygraphie antique [6].

Les abréviations et la tachygraphie grecques ont été l'objet d'études importantes de la part de MM. Allen [7], Gitlbauer [8], Wessely [9] et Zereteli [10]. On doit à M. Tannery [11] des remarques sur les abréviations alchiniques reproduites dans les fac-similés de la col-

---

1. H. Hauvette. *Notes sur des manuscrits autographes de Boccace à la Bibliothèque Laurentienne : Ibid.*, 1894, p. 87-145, pl. I à III.

2. *Livre exécuté pour Boucicaut : Biblioth. de l'École des Chartes*, LVI, p. 226-227.

3. *Biblioth. de l'École des Chartes*, LVI, p. 432.

4. C. Douais. *Une épreuve d'un maître d'école du quinzième siècle : Mélanges sur Saint-Sernin de Toulouse*. Toulouse, Privat, 1896, in-8, p. 49-53, 1 fac-s.

5. H. Omont. *Abréviations : la Grande Encyclopédie*, I, p. 126-134.

6. *Die Kurzschriften der alten Völker gemeinverständlich dargestellt von Professor Dr O. Lehman. Sonderabdruck aus der Festschrift zur 50 jährigen Jubelfeier des königlichen stenographischen Instituts zu Dresden am 5 Oktober 1889.* Dresden, Meinhold, in-8, 11 p.

7. T. W. Allen. *Notes on abbreviations in Greek manuscripts. With eleven pages of facsimiles by photolithography*. Oxford, Clarendon Press, 1889, in-8, 40 p., 11 pl. — Du même. *On the composition of some Greek manuscripts : Journal of Philology*, XXI, p. 47-54; XXII, p. 157-183; XXIV, p. 299-326. — Du même, *Fourteenth century tachygraphy : Journal of hellenic studies*, XI (1890). p. 286-293, pl. IX et X.

8. Dr Michael Gitlbauer. *Die drei Systeme der griechischen Tachygraphie. Mit vier Tafeln*. Wien, Tempsky, 1894, in-4°, 50 p., 4 pl.

9. Dr Carl Wessely. *Ein System altgriechischer Tachygraphie. Mit drei Tafeln.* Wien, Tempsky, 1895. in-4°. (Denkschriften der K. Akademie der Wissenschaften in Wien. Philosoph. histor. Classe, XLIV.)

10. Gregorius Zereteli. *De compendiis scripturæ codicum græcorum præcipui Petropolitanorum et Mosquensium anni nota instructorum. Accedunt 30 tabulæ.* Petropoli, typis academiæ cæsareæ scientiarum, 1896, in-8°, XLII-226 p., 30 pl. accompagnées chacune d'une page de texte (en russe).

11. Paul Tannery. *Sur les abréviations dans les manuscrits grecs : Revue archéologique*, 3ᵉ s., XII, p. 210-213.

lection des anciens alchimistes grecs de M. Berthelot et tirées de deux manuscrits, l'un du xIᵉ, l'autre du xvᵉ siècle.

M. Zanino Volta [1] a tenté une classification méthodique des abréviations latines intéressante pour les paléographes, mais qui en raison du plan suivi ne saurait être d'un usage facile pour les débutants.

M. Paoli a présenté une classification des abréviations latines [2].

M. Fumagalli [3] a signalé dans un manuscrit de la Bibliothèque de la Brera, à Milan, une table d'abréviations. Les abréviations particulières aux documents anglais ont été réunies par M. Martin [4].

M. Ulysse Robert [5] a étudié l'origine de l'e cédillé dans les manuscrits, tenant la place d'æ. Il a montré par quelle suite de transformations la lettre a, dans la capitale et l'onciale, était tombée sous l'e. Il a relevé des exemples de l'e cédillé dans les manuscrits du vIIᵉ siècle.

Citons une étude du chanoine Carini [6] sur le chrismon. M. H. Omont [7] a démontré que l'abréviation de *Jhesus* par IHS était d'origine latine et non grecque.

Il existe en Allemagne plusieurs revues de sténographie, dont l'une au moins, la *Deutsche Stenographenzeitung*, dirigée par le Dʳ Wilhelm Schmitz, accueille les travaux relatifs à la tachygraphie du moyen âge. Le Dʳ Schmitz est en effet le chef incontesté de ces études. Des livres qu'il a consacrés aux notes tironiennes et à leur déchiffrement le plus important est la publication du lexique de notes [8], qui nous a été transmis par une quinzaine de manuscrits des Ixᵉ et xᵉ siècles ; le plus ancien, celui de Cassel, qui provient de Fulda, a été reproduit photographiquement. La question de l'origine des

1. *Delle abbreviature nella paleografia latina*, studio di Zanino Volta Con 36 tavole litografiche e figure in ziacotipia intercalate nel testo. Milano, Kantorowicz, 1892, in-12, 332 p.

2. Cesare Paoli. *Le abbreviature nella paleografia latina del medio evo. Saggio metodico-pratico*, Firenze. Le Monnier, 1891, in-8°, 41 p. (*Pubblicazioni del r. Istituto di studi superiori pratici, collezione scolastica*). — Traduction allemande par Karl Lohmeyer, *Die Abkürzungen in der lateinischen Schrift des Mittelalters*. Innsbruck, Wagner, 1892, in-8°, 39 p.

3. G. Fumagalli. *Di un' antica tavola di abbreviazioni in un codice del sec. XV : Rivista delle biblioteche e degli archivi*, VI, p. 185-188.

4. C. Tr. Martin. *The record-interpreter, a collection of abbreviations used in English hist. manuscripts*. London, Reeves, 1892, in-8, ix-341 p.

5. Ulysse Robert. *Note sur l'origine de l'e cédillé dans les manuscrits : Mélanges Julien Havet*, p. 633-637.

6. Isidoro Carini. *Il « signum Christi » ne' monumenti del medio evo. Appunti per la nuova scuola Vaticana. 2ᵉ edizione*. Roma, tipogr. Vaticana, 1896, in-8. 40 p.

7. Bulletin de la Société nationale des Antiquaires de France, 1892, p. 123-125.

8. *Commentarii notarum tironianarum cum prolegomenis, adnotationibus criticis et exegeticis notarumque indice alphabetico edidit* Guillelmus Schmitz. Lipsiæ, Teubner, 1893, in-fol., 117 p., 132 pl. phototyp.

notes a été examinée dans l'introduction ; le D' Schmitz pense
qu'elles ont leur source dans les lettres capitales. Sous le titre de
Miscellanea tironiana [1], le même savant a publié et transcrit quelques
feuillets du ms. 846 de la reine Christine couverts de notes tironiennes, et contenant entre autres morceaux un fragment considérable des *Scintillæ* de Defensor, moine de Ligugé, et une série de
recettes médicales importantes pour l'histoire du latin au moyen âge.
Citons encore la publication de la Règle de saint Chrodegang [2] d'après
un manuscrit du ix° siècle dont l'écriture est farcie de notes.

Le manuscrit 444 de la bibliothèque de Laon [3] a fourni quelques
notes qui se terminent par le mot *Amen* écrit cryptographiquement,
d'après un système où les lettres sont représentées par les chiffres
grecs qui correspondent à leur numéro d'ordre dans l'alphabet. Le
D' Schmitz [4] a relevé dans un manuscrit de Berne des passages de
saint Jérôme, de saint Augustin et d'Isidore écrits en notes, et dans
le ms lat. 10736, un passage de la *Regula pastoralis* de Grégoire le
Grand [5], et la plus grande partie du chapitre xiv de l'écrit de saint
Jérôme *contra Vigilantium* [6].

La liste des travaux du D' Schmitz qu'il importait de grouper nous
a entraîné dans les monographies. Mais avant de poursuivre, il faut
signaler quelques livres et articles d'un intérêt général comme l'histoire de la sténographie depuis l'antiquité jusqu'à nos jours par
M. Moser [7]. M. Traube [8] a examiné les passages d'Isidore de Séville

1. D' Wilhelm Schmitz. *Miscellanea Tironiana aus dem Codex Vaticanus latinus reginæ Christinæ 846, mit 32 Tafeln in Lichtdruck.* Leipzig, Teubner, 1896, in-4°, 79 p., 32 pl. phototypiques. — Le D' W. Schmitz avait déjà signalé et publié un des morceaux contenus dans le manuscrit 846 de la reine, à savoir l'*Epistola consolatoria ad pergentes in bellum*, en même temps que l'*Epistola Salvatoris Domini nostri* tirée du ms. 852 du même fonds, dans un mémoire intitulé : *Tironische Miscellen.* I. *Vom Himmel gefallene Briefe.* II. *Ein Trostbrief für die in den Krieg Ziehenden : Neues Archiv*, XV, p. 602-607 — En outre, les Instructions d'Eucherius de Lyon, transcrites aussi dans le ms 846, avaient été publiées par M. W. Schmitz, sous le titre *Patristisches und Tironisches : Wiener Studien*, XVII (1895), p. 2-10, pl. 1-3 en phototypie.

2. *S. Chrodegangi Metensis episcopi (742-766) Regula canonicorum aus dem Leidener codex Vossianus latinus 94 mit Umschrift der tironischen Noten, herausgegeben von Wilhelm Schmitz.* Hannover, Hahn, in-4°, vi 26 p , 17 pl.

3. W. Schmitz. *Tironisches und Kryptographisches : Neues Archiv*, XV, p. 197-198.

4. Du même. *Die tironischen Noten der Berner Handschrift n. 611 : Die deutsche Stenographenzeitung*, n° 23 (1er déc. 1888). — *Notenschriftliches aus der Berner Handschrift 611 : Commentationes Woelfflinianæ*, 1891, p. 7-13, 2 pl.

5. Du même. *Tironische Noten aus der Pariser lat. Handschrift 10756 : Festschrift herausgegeben bei Gelegenheit der Enthüllung des Gabelsberger Denkmals am 10 Aug. 1890.* München, 1890, in-8°, p. 116-120.

6. Du même. *Tironianum : Mélanges Julien Havet*, p. 77-80, 1 pl. en phototypie.

7. Hans Moser. *Allgemeine Geschichte der Stenographie vom klassischen Alterthum bis zur Gegenwart.* I. Leipzig, 1889, viii-236 p , 21 pl.

8. L. Traube. *Varia libamenta critica : Commentationes Woelfflinianæ*, p. 197-202.

relatifs à l'origine des notes. M. Ruess [1] a présenté des tableaux des terminaisons en notes tironiennes

M. K. Zangemeister [2], en donnant une nouvelle édition des noms de lieux compris dans les dictionnaires de notes tironiennes, a repris la question de l'origine de cette écriture ; les tableaux qu'il a dressés montrent que les notes se rattachent à la plus ancienne cursive, et ne sont pas formées de fragments de lettres majuscules ; mais on remarquera que la cursive est dérivée de la majuscule. La leçon d'ouverture du cours de paléographie de M. de Vries [3], à Leyde, en 1890, a été consacrée à l'étude d'un texte des lettres de Pline en notes tironiennes, copié en France.

On doit au même professeur [4] la transcription d'un fragment de Boèce également en notes. Des centons des *Laudes Dei* de Dracontius contenus dans un manuscrit, aujourd'hui à Berlin, et provenant de la bibliothèque du collège de Clermont, à Paris, ont été déchiffrés par M. W. Meyer [5]. Une charte de Saint-Arnoul de Metz, du ixe siècle, dont le verso est couvert de notes tironiennes représentant l'analyse de l'acte écrit au recto, a donné lieu à deux publications, l'une de Jules Tardif [6], l'autre de Julien Havet [7].

Une lettre en notes tironiennes occupant une partie du dernier feuillet du manuscrit n° 84 de la bibliothèque de Genève, déjà connue par un manuscrit de Berne et dont M. E. Chatelain a retrouvé une autre copie dans un manuscrit de la Bibliothèque nationale, a été publiée par ce savant [8], qui en a rapproché une souscription également en notes du glossaire de la bibliothèque de Laon, et qui a saisi cette occasion de présenter quelques considérations générales

1. Dr Ferd. Ruess. *Die tironischen Endungen.* München, Lindl, 1889, in-8, 42 p. (*Programm des k. Luitpold Gymnasium in München für das Studienjahr 1888-89.*)

2. Karl Zangemeister. *Zur Geographie des römischen Galliens und Germaniens nach den tironischen Noten: Neue Heidelberger Jahrbücher*, II, p. 1-36.

3. *Exercitationes palæographicæ in bibliotheca Universitatis Lugduno-Batavæ instaurandas indicit* S. G. de Vries. *Inest commentatiuncula de C. Plinii Cæcilii Sec. epistularum fragmento Vossiano notis tironianis descripto.* Lugduni Batavorum, Brill, 1890, 31 p., 1 pl.

4. S. G. de Vries. *Boethii fragmentum notis tironianis descriptum. Additur tabula lithographica: Sylloge commentationum quam obtulerunt philologi Batavi V. C. Constantino Conto*, p. 129-135.

5. Wilhelm Meyer. *Die Berliner Centones der Laudes Dei des Dracontius: Sitzungsberichte der k. preussischen Akademie der Wissenschaften zu Berlin*, 1890, p. 257-296, pl. II et III en phototypie.

6. *Une minute de notaire du IXe siècle en notes tironiennes d'après la lecture donnée en 1849 par Jules Tardif.* Paris, Picard, 1888, in-8, 15 p.

7. Julien Havet. *Charte de Metz accompagnée de notes tironiennes* (27 déc. 848): *Biblioth. de l'École des Chartes*, 1888, p. 95-101.

8. E. Chatelain. *Notes tironiennes d'un manuscrit de Genève : Mélanges Julien Havet*, p. 81-86, avec un fac-s. en phototypie.

sur l'usage des notes dans les monastères français à l'époque carolingienne.

Les travaux de Julien Havet sur l'écriture secrète de Gerbert et la
tachygraphie italienne ont provoqué la recherche des notes tachygraphiques dans les chartes italiennes. M. Cipolla [1] a fait connaître
plusieurs de ces notes figurant au bas de divers actes du xi⁰ siècle
provenant des archives de San-Stefano de Gênes. Parmi les documents publiés par le même savant [2] à la suite de son étude sur Brunengo, évêque d'Asti, il en est un de l'année 959, où la souscription
du notaire est suivie de notes tachygraphiques.

A la tachygraphie l'on peut rattacher la cryptographie, d'autant
plus que certains manuscrits offrent un mélange d'écriture rapide et
d'écriture secrète, comme des vers grecs que M. Desrousseaux [3] a
tirés d'un manuscrit du Vatican et qui présentent un mélange de
points, représentant des lettres, et d'abréviations tachygraphiques.

Les ouvrages [4] qui concernent l'emploi et le déchiffrement des
écritures secrètes dans les chancelleries contemporaines peuvent être
utiles aux paléographes; car certaines combinaisons qui remontent
au xvi⁰ siècle sont encore en usage. On pourra consulter aussi l'article *Cryptographie* de la *Grande Encyclopédie* [5].

Les études de M. F. Wagner [6] constituent une histoire des écritures chiffrées. MM. Ruelle [7] et Martha [8] ont donné l'explication
d'une écriture cryptographique relevée dans un papyrus grec
du iv⁰ siècle. M. A. Meister [9] a constaté l'emploi du chiffre à
Venise dès le xiii⁰ siècle. Un manuscrit du xv⁰ s., de la bibliothèque
de Saint-Nicolas à Catane, contenant les *Priapea* et les *Catalecta* virgi-
liens en une écriture où chaque lettre est représentée par un signe
particulier, qui ressemble à une lettre, en somme un alphabet que

---

1. C. Cipolla. *La tachygraphie ligurienne au XI⁰ siècle : Mélanges Julien Havet*,
p. 87-96.
2. Du même. *Di Brunengo vescovo di Asti e di tre documenti che lo riguardano :
Miscellanea di storia italiana*, XXVIII, p. 297-512, et spécialement p. 496-498,
506.
3. A. M. Desrousseaux. *Note sur le fragment crypto-tachygraphique du Palatinus græcus 73 : École franç. de Rome, Mélanges*, 1887, p. 212-215.
4. Marquis de Viaris. *L'art de chiffrer et déchiffrer les dépêches secrètes*. Paris,
Gauthier-Villars, 1893, in-16, 176 p. (Encyclopédie scientifique des aide-mémoire,
n⁰ 38 A). — P. Valerio. *De la cryptographie. Essai sur les méthodes de déchiffrement*. Paris, Baudoin, 1893, in-8, 230 p.
5. *La Grande Encyclopédie*, XIII, p. 528-531.
6. D⁰ Fr. Wagner. *Studien zu einer Lehre von der Geheimschrift. Chiffernkunde*
(suite) : *Archivalische Zeitschrift*, XII, p. 1-29; XIII, p. 8-44.
7. *Bulletin de la Société nationale des Antiquaires de France*, 1894, p. 120-121.
8. *Ibid.*, p. 126-127.
9. Aloys Meister. *Zur Kenntnis des venetianischen Chiffrenwesens : Historisches
Jarbuch*, XVII, p. 319-330.

s'est créé le scribe, a été signalé par M. Rühl [1]. Le copiste italien d'un traité de physique, du xv⁴ siècle, a eu recours à un procédé analogue [2]. Dans le manuscrit Cgm. 811 de Munich, du xv⁴ siècle, on trouve une écriture où les voyelles sont remplacées par des points ou par un *p* barré de différentes façons [3].

M. Th. von Sickel [4] a relevé dans un volume des Archives du Vatican, la clef d'une écriture secrète basée sur la transmutation des lettres. Cicco Simonetta, secrétaire des trois premiers ducs de Milan de la famille Sforza, a laissé des règles pour le déchiffrement des écritures secrètes, que Perret a exposées [5]. Simon Cattaneo, l'un des agents secrets de Ludovic Sforza, employait une écriture composée de sigles et de caractères ayant une valeur conventionnelle [6]. Citons pour le xvi⁴ siècle, les études de M. Susta [7] sur la cryptographie du cardinal Moroni, et de M. L. von Rockinger [8] sur une collection de clefs.

M. H. Weber [9] a publié des règles du xvii⁴ siècle pour le déchiffrement des écritures secrètes, et M. L. von Rockinger [10] quelques chiffres de la même époque. Citons encore des lettres chiffrées dont M. Dieterich [11] a donné la clef.

En ce qui touche les signes critiques, nous ne trouvons à signaler qu'une étude de M. Hagen [12] sur un manuscrit du ix⁴ siècle à la bibliothèque de Berne.

1. F. Rühl. *Bemerkungen über einige Bibliotheken von Sicilien* : *Philologus*, XLVII (N. F. 1, p. 585.

2. H. Omont. *Un traité de physique et d'alchimie du XV⁴ siècle en écriture cryptographique : Biblioth. de l'École des Chartes*, LVIII, p. 253-258, 1 pl. en phototypie.

3. Keinz. *Ein Meistersinger des XV Jahrhunderts und sein Liederbuch : Sitzungsberichte der philosophisch-philologischen und histor. Classe der k. b. Akademie der Wissenschaften zu München*, 1891, p. 639-700.

4. Th. R. v. Sickel. *Geheimschrift : Mittheilungen des Instituts für œsterreich. Geschichtsforschung*, XV, p. 372-373.

5. P. M. Perret. *Les règles de Cicco Simonetta pour le déchiffrement des écritures secrètes* (4 juillet 1474) : *Biblioth. de l'École des Chartes*, LI, p. 516-525.

6. Léon G. Pélissier. *La cryptographie de Simon Cattaneo. Note sur quelques documents cryptographiques italiens : Mémoires de la Soc. nat. des Antiquaires de France*, LVI, p. 161-192.

7. J. Susta. *Eine päpstliche Geheimschrift aus dem 16 Jahrhunderte : Mittheilungen des Instituts für œsterreich. Geschichtsforschung*, XVIII, p. 367-371.

8. D⁴ Ludwig von Rockinger. *Ueber eine bayerische Sammlung von Schlüsseln zu Geheimscriften des sechzehnten Jahrhunderts : Archivalische Zeitschrift*, N. F. III, p. 21-96.

9. D⁴ Heinrich Weber. *Ein Beitrag zur Geschichte der Dechiffrirkunst : Archivalische Zeitschrift*, N. F. II, p. 45-53.

10. D⁴ Ludwig von Rockinger. *Zur Kunde von Geheimschriften : Ibid*, N. F. II, p. 184-187.

11. Jul. Reinh. Dieterich. *Chiffrierte Briefe aus der Zeit des Regensburger Reichstags von 1641 : Mittheilungen aus dem germanischen Nationalmuseum*, 1891, p. 44-51.

12. Herm Hagen. *Ueber die kritischen Zeichen der alten Berner Horaz- und Servius Handscrift 363 : Verhandlungen der 39 Versammlung deutscher Philologen und Schulmänner in Zürich* (Leipzig, Teubner, 1888, in-4°, p. 247-257.

Au moyen âge, et même dès le ixᵉ siècle, comme en témoigne une expression du moine de Saint-Gall, on posait un peu de cire dans la marge des manuscrits pour attirer l'attention sur un passage ou indiquer un point d'arrêt dans la lecture [1].

M. Krumbacher [2] a recherché l'origine du mot chiffre.

MM. Weissenborn [3] et Nagl [4] ont déterminé le rôle de Gerbert dans l'introduction des chiffres arabes en Europe. Un autre mémoire de M. Nagl [5] est relatif à un système de notation arithmétique de l'an 1143.

M. Mehlis [6] a par deux fois publié une inscription du Drachenfels avec la date de 1249 en chiffres arabes ; mais, outre que ces chiffres n'indiquent peut-être pas une date, il est douteux que ce monument remonte au xiiiᵉ siècle. On acceptera plus volontiers les dates de 1346 et même 1296 relevées par M. Virchow [7] sur des pierres à Thun et à Ulm.

Les études sur la musique religieuse au moyen âge et sur l'antique notation par neumes ont reçu un nouvel élan sous l'impulsion des Bénédictins de Solesmes, qui en ont fait l'objet de recherches approfondies et ont entrepris de réunir, sous le titre de *Paléographie musicale* [8], les principaux manuscrits de chant grégorien, ambrosien, gallican ou mozarabe. Nous ne saurions mieux faire qu'emprunter à M. Aubry [9] l'exposé du plan de cette importante publication qui comprend deux parties distinctes : « une partie de texte où nous

1. C. Paoli. *D'un uso speciale della cera per signi indicativi nei manoscritti : Rivista delle biblioteche*, I, p. 17-18.
2. Karl Krumbacher. *Woher stammt das Wort Ziffer (chiffre) : Études de philologie néo-grecque publ. par Jean Psichari*. (Biblioth. de l'École des Hautes-Études, sciences philol. et histor., 92ᵉ fascicule). — Du même. *Noch einmal das Wort Ziffer : Byzantin. Zeitschrift*, II, p. 299-303.
3. Dʳ H. Weissenborn. *Zur Geschichte der Einführung der jetzigen Ziffern in Europa durch Gerbert*. Berlin, Mayer und Müller, 1892, in-8, v-123 p.
4. Alfred Nagl. *Gerbert und die Rechenkunst des 10 Jahrhunderts. Mit vier Tafeln : Sitzungsberichte der kaiserl. Akademie der Wissenschaften, Philosoph. histor. Classe* (Wien), CXVI, p. 861-923.
5. A. Nagl. *Ueber einer Algorismus-Schrift des 12 Jahrhunderts und über die Verbreitung der indisch-arabischen Rechenkunst und Zahlzeichen im christl. Abendland : Zeitschrift für Mathematik*, XXXIV, histor.-litt. Abtheilung, p. 129-146, 161-170, pl. VII.
6. C. Mehlis. *Das früheste Vorkommen der arabischen Zahlenzeichen in Deutschland : Verhandlungen der Gesellschaft für Anthropologie*, XXIII, p. 464-465. — Du même. *Zur mittelrheinischen alterthumskunde : Jahrbücher des Vereins von Altertumsfreunden im Rheinland*, XCII, p. 219-232, pl. 11.
7. Rud. Virchow. *Alter der arabischen Ziffern in Deutschland und der Schweiz : Correspondenzblatt der deutschen Gesellschaft für Anthropologie*, XXIII, p. 122-123.
8. *Paléographie musicale. Les principaux manuscrits du chant grégorien, ambrosien, mozarabe, gallican, publiés en fac-similés phototypiques par les Bénédictins de Solesmes*. Solesmes, impr. Saint-Pierre ; Paris, Picard, 1889-1895, in-4°.
9. Pierre Aubry. Compte rendu de l'ouvrage précédent dans *Bibliothèque de l'École des Chartes*, 1895, p. 691-696.

devons à la plume autorisée de Dom Mocquereau une théorie de la notation neumatique et quelques études de musique liturgique ; une partie de fac-similés reproduisant un antiphonaire de Saint-Gall et un autre d'Einsiedeln, ainsi que le répons-graduel *Justus ut palma* d'après deux cents manuscrits environ et qui est d'un haut intérêt pour l'histoire des neumes. »

Sous les auspices de la Société anglaise de plain-chant a paru une série de livres contenant des reproductions de manuscrits musicaux du moyen âge ; et d'abord un recueil de fac-similés du x⁰ au xvi⁰ siècle [1], dont le premier est emprunté à un bréviaire-missel provenant de Silos ; la description des planches est due à M. A. Hughes-Hughes ; l'introduction consiste en une esquisse rapide de l'histoire de la notation musicale. Plus récemment a paru le premier volume d'un autre recueil qui contiendra, outre les fac-similés, la transcription en notes modernes [2]. On y joindra le catalogue des manuscrits musicaux conservés dans les bibliothèques de la Grande-Bretagne et de l'Irlande par le Rev. Howard Frere [3]. Un graduel de Salisbury, du xiii⁰ siècle, en notes carrées sur portées, a été reproduit intégralement [4].

D'autres publications de la Société de plain-chant ne contiennent que des transcriptions en notation moderne de chants du moyen âge : *Missa rex splendens* (London, 1891, in-8), *Hymnus Te Deum laudamus* (London, 1892, in-8), *Choir responses according to the use of Sarum* (London, in-8, s. d.), *Madrigals by English composers of the close of the fifteenth century* (London, 1893, in-4⁰). Cependant l'in-

1. *The musical notation of the Middle ages exemplified by facsimiles of manuscripts written between the tenth and sixteenth centuries inclusive... prepared for the members of the plainsong and mediæval music Society.* London, Masters, 1890, in-4⁰, 7 p., 21 pl. dont 20 en phototypie, chaque pl. accompagnée d'un feuillet de texte.

2. *Early English Harmony from the 10th to the 15th. century illustrated by facsimiles of mss . with a translation into modern musical notation edited by* H. E. Wooldridge. Vol. 1. Facsimiles. Prepared for the members of the plainsong and mediæval music Society. London, Quaritch, 1897, in-fol., 5 p., 60 pl. en phototypie.

3. *Bibliotheca musico-liturgica. A descriptive hand-list of the musical and latin liturgical mss. of the Middle ages preserved in the libraries of Great Britain and Ireland drawn up by the Rev.* W Howard Frere. *Fascicle I containing Lambeth Library and part of Bodleian.* London, 1894, in-4⁰, 44 p., 4 facs.

4 *Graduale Sarisburiense. A reproduction in facsimile of a manuscript of the thirteenth century with a dissertation and historical index illustrating its development from the Gregorian antiphonale missarum by* Walter Howard Frere. *Prepared for the members of the plainsong and mediæval music Society.* London, Quaritch, 1894, in-4⁰, cii p., 293 pages en collotypie. — Voyez *The plainsong of the Mass adapted from the Sarum Gradual to the English text. Part. I. The ordinary ....* Published *for the plainsong and mediæval music Society, at the office of the Organist and Choirmaster.* London, 1896, in-8⁰, xii-50 p.

troduction à une autre collection de chants et madrigaux anglais [1] contient quelques notions sur les manuscrits musicaux. Pareillement on trouvera quelques renseignements sur la notation du moyen âge avec un tableau des neumes dans les *Éléments de plain-chant* [2]. Une revue périodique, *The Bostonian*, a donné en supplément à son numéro de décembre 1895 un fac-similé photo-chromolithographique d'une chanson anglaise composée à l'occasion de la bataille d'Azincourt. Citons les observations de M. Combarieu [3] sur l'origine des neumes, dans ses *Études de philologie musicale*. En ce qui touche Gui d'Arezzo, qui a fixé les règles de la notation sur portée, Dom G. Morin [4] avait cru pouvoir l'identifier avec un Français « Guido de Sancto Mauro » ; lui-même [5] a reconnu son erreur et démontré qu'on ne pouvait confondre ces deux personnages.

Sur les manuscrits musicaux allemands du xvᵉ siècle, on consultera une étude considérable de MM. A. Mayer et H. Rietsch [6].

L'étude de l'ornementation des livres et même celle des miniatures se rattache étroitement à la paléographie. Les histoires générales de la peinture chrétienne doivent être consultées, car pour la période antérieure au xᵉ siècle elles ne peuvent guère être basées que sur les peintures des manuscrits. Le développement de la peinture au moyen âge, dans le monde byzantin comme en Occident, a été exposé par le Dʳ Erich Frantz [7], dans un ouvrage dont on ne pourrait guère

---

1. *A collection of songs and madrigals by English composers of the close of the fifteenth century. Prepared for the members of the plainsong and mediæval music Society.* London, Quaritch, 1891, in 4, xix p. et une transcription pour piano.

2. *The elements of plainsong compiled from a series of lectures delivered before the members of the plainsong and mediæral music Society, edited by* H. B. Briggs. *Popular edition.* London, Quaritch, 1895, in-8, vii-29 p.

3. Jules Combarieu. *Études de philologie musicale. Théorie du rythme dans la composition moderne d'après la doctrine antique, suivie d'un essai sur l'archéologie musicale au XIXᵉ siècle et le problème de l'origine des neumes.* Paris, Picard, 1897, in 8, iv-194 p.

4. Dom G. Morin. *L'origine française de Guy d'Arezzo : Revue des questions historiques,* 1891, p. 547-554.

5. Du même, *Un essai d'autocritique : Revue bénédictine,* 1ᵉʳ sept. 1895, p. 395. Cf. J. Combarieu, *Revue critique,* XLIX, 1896, p. 495, note 4.

6. F. Arnold Mayer und Heinrich Rietsch. *Die Mondsee-Wiener Liederhandschrift und der Mönch von Salzburg. Eine Untersuchung zur Litteratur und Musikgeschichte. Nebst den zugehörigen Texten aus der Handschrift und mit Anmerkungen. Erster Theil : Acta Germanica,* III. Berlin, Mayer und Müller, 1894, in-8, p. 334-490 ; *Zweiter Theil : Acta Germanica,* IV. Berlin, Mayer und Müller, 1896, in-8, xviii-570 p., 9 pl.

7. Dʳ Erich Frantz. *Geschichte der christlichen Malerei. Erster Theil. Von den Anfängen bis zum Schluss der romanischen Epoche.* Freiburg-im-Breisgau, Herder, 1887, in 8, vi-575 p. — *Zweiter Theil. Von Giotto bis zur Höhe des neueren Stils.* 1894, 950 p. — *Bilder zur Geschichte der christlichen Malerei,* 1888-1894, in-8, 109 pl. simples et 7 doubles (en deux volumes).

critiquer que l'insuffisance des planches, si les divers procédés
employés ne permettaient de livrer au public un livre d'une excel-
lente doctrine à un prix abordable. Est-il besoin de rappeler l'ouvrage devenu classique de M Janitschek [1] ? La peinture des
manuscrits est également visée dans l'histoire de la peinture
chrétienne de M. Kraus [2], dont le premier volume a seul paru.
On trouvera des descriptions et des fac-similés de miniatures,
comme aussi des reproductions de chartes, dans le livre que
le même savant a consacré aux monuments de l'Alsace-Lor-
raine [3].

Dans un ouvrage sur les manuscrits enluminés, M. Middleton [4] a
donné des notions générales sur la forme et la matière des livres,
les instruments de l'écriture dans l'antiquité, puis il a retracé l'histoire de la peinture des manuscrits dans l'antiquité, à Byzance, pendant la période carolingienne, en Irlande et en Angleterre, en France
du XIIIe au XVe siècle, en Allemagne, en Italie et en Espagne. Les
derniers chapitres du livre sont consacrés aux procédés techniques
des enlumineurs et à la reliure. Du même genre que le livre de
Middleton est celui de Mad. Louise von Kobell [5], mais avec des
reproductions phototypiques plus intéressantes des miniatures les
plus célèbres et caractéristiques depuis l'antiquité jusqu'au
XVIe siècle.

Les illustrations de M. Quaritch [6] donnent des reproductions de
belles miniatures du VIIIe au XVIe siècle, mais surtout des XIVe et
XVe siècles ; les parties V à X de l'ouvrage sont consacrées aux en-
luminures de manuscrits bibliques et liturgiques (XIe - XVIe ss.)
de la collection de l'éditeur. L'on trouvera également dans un ou-

1. H. Janitschek. *Geschichte der deutschen Malerei*. Berlin, Grote, 1890, gr. in-8,
VIII-664 p. (*Geschichte der deutschen Kunst*, III.)

2. Franz Xaver Kraus. *Geschichte der christlichen Kunst. Erster Band. Die
hellenistisch-römische Kunst der alten Christen. Die Byzantinische Kunst. Anfänge der Kunst bei den Völkern des Nordens. Mit Titelbild in Farbendruck und
484 Abbildungen im Texte*. Freiburg-im-B., Herder, 1896, gr. in-8, XIX-621 p.

3. F. X. Kraus. *Kunst und Alterthum in Elsass-Lothringen*. Strassburg, Schmidt,
1876-92, 4 vol. in-8, XXIV-704 p., 3 pl., 3 cartes ; IX-719 p., 16 pl., 2 cartes ; XX-
1049 p., 17 pl. ; III-181 p.

4. J. Henry Middleton. *Illuminated manuscripts in classical and medioeval
times ; their art and their technique*. Cambridge, University Press, in-8, XXIV-
270 p., 55 fig. dans le texte.

5. L. von Kobell. *Kunstvolle Miniaturen und Initialen aus Handschriften des
4. bis 16. Jahrhunderts, mit besonderer Berücksichtigung der in der Hof und
Staatsbibliothek zu München befindlichen Manuskripte. Geschichtliche Beiträge*.
München, Albert [1890], gr. in-4°, x-108 p., 52 pl., dont une en couleur, les autres
en phototypie.

6. *Quaritch's Illustrations. II. Examples of the art of book-illumination during
the middle ages reproduced in facsimile*. London, Bernard Quaritch, 1889-1892,
in-4, 4, 7, 15 pp., 113 pl. en couleur.

vrage de M. Labitte [1] des vignettes qui marquent les principales
étapes de l'évolution de la peinture des manuscrits.

A la suite des ouvrages d'un caractère général nous rangerons
ceux qui, comme la description des miniatures de la Bibliothèque
d'Heidelberg par M. A. von Oechelhaüser [2] et le recueil de 43 peintures
tirées des manuscrits du Vatican par M. Beissel [3] visent les œuvres
d'époques très différentes, comme aussi les miniatures des manuscrits des Archives d'État à Lübeck [4], dont aucune n'est plus
ancienne que l'époque romane. Parmi les peintures dont ce savant
a donné des fac-similés nous signalerons spécialement celles du
célèbre *Manesse-Liederhandscrift*. M. P. Durrieu [5] a dressé le tableau
chronologique des manuscrits à miniatures ou décorés d'ornements
conservés dans la bibliothèque de sir Thomas Phillipps ; il a rangé
les manuscrits en deux groupes : ceux qui ont été exécutés en France
et dans les États de la maison de Bourgogne, ceux qui ont été exécutés
à l'étranger. Les plus importants ont été décrits en détail.

Dans quelques ouvrages la miniature a été étudiée dans une
région déterminée ; par exemple dans l'histoire de l'art chrétien en
Bohême [6], dont les pages 186-191, 281-207, 437-452 sont consacrées
aux peintures de manuscrits. Pour l'Italie, citons le recueil des
miniatures du Mont-Cassin [7]. Pour la Suisse, on trouvera aux planches
12 à 14 de l'Album de l'exposition de Genève [8] des phototypies reproduisant des manuscrits ornés de l'école de Saint-Gall (IXᵉ siècle),
de l'école d'Engelberg (XIVᵉ siècle), une page d'antiphonaire du XVIᵉ
siècle.

Étudiant les représentations de la naissance du Christ, le Dᵣ Max

1. Alphonse Labitte. *Les manuscrits et l'art de les orner. Ouvrage historique et pratique illustré de 300 reproductions de miniatures, bordures et lettres ornées.* Paris, Mendel, 1892, in-4, 400 p.
2. *Die Miniaturen der Universitäts-Bibliothek zu Heidelberg beschrieben von* A. von Oechelhaeuser. *Erster Theil. Mit achtzehn Tafeln.* Heidelberg, G. Kœster, 1897, in-4, 108 p., 18 pl. dont 17 en phototypie et une en couleur. — *Zweiter Theil. Mit sechzehn Tafeln.* 1895, 420 p, 16 pl. dont 12 en phototypie et 4 en couleur. — La première partie de cet ouvrage avait paru sous la forme d'*Habilitationsschrift* de l'Université d'Heidelberg.
3. St. Beissel. *Vatikanische Miniaturen. Mit 30 Tafeln in Lichtdruck.* Freiburg-im-Br., Herder, 1893, in-fol, VIII 80 p.
4. *Miniaturen aus Handschriften des Staatsarchives in Lübeck, herausgegeben von Staatsarchivar* Dᵣ P. Hasse. Lübeck, Nöhring, 1897, in-fol.
5. P. Durrieu. *Les manuscrits à peintures de la bibliothèque de sir Thomas Phillipps à Cheltenham : Biblioth. de l'École des Chartes,* L., p. 381-432.
6. Dᵣ Joseph Neuwirth. *Geschichte der christlichen Kunst in Böhmen bis zum Aussterben der Premysliden. Mit 125 Abbildungen.* Prag, Calve, 1888, IX-494 p.
7. O. Piscicelli Taeggi. *Le miniature nei codici Cassinesi, documenti per la storia della miniatura in Italia.* Disp. 1-6. Torino, Lœscher, 1887-90.
8. *L'art ancien à l'exposition nationale suisse. Album illustré.* Genève, 1896, in-fol.

Schmid [1] a décrit des miniatures byzantines et du moyen âge. Le même sujet a été traité par M. de Noack [2]. Certains chapitres du mémoire de M. Dobbert [3] sur la figuration de la Cène jusqu'à la fin du xive siècle sont consacrés aux peintures de manuscrits.

Le recueil de M. A. Niedling [4] est plutôt un livre de modèles pour les artistes qu'un livre historique. Dans le même sens, signalons deux revues, l'Enlumineur [5], dont la première livraison a paru en 1891, sous la direction de M. Van Driestein et le Coloriste Enlumineur publié depuis 1893 par la Société de Saint-Augustin à Paris.

L'un des plus importants parmi le petit nombre de manuscrits illustrés qui nous restent de l'antiquité est le Virgile du Vatican, dit Vaticanus (Vat. 3225), auquel M. P. de Nolhac [6] a consacré une étude détaillée et définitive ; il a donné la description complète et minutieuse des cinquante peintures qui subsistent. Le manuscrit original du Chronographe de 354 est perdu ; mais nous possédons des calques des peintures qui l'ornaient exécutés pour Peiresc, et que M. J. Strzygowski [7] a étudiés, décrits et fait reproduire. De même, nous n'avons plus que des copies assez récentes de la Notitia dignitatum. Mais un manuscrit du xve siècle conservé à Cheltenham [8] complète, grâce aux figures dont il est orné, copiées sur un modèle plus ancien, la connaissance qu'on avait, par d'autres manuscrits, des images dont le prototype antique était orné. C'est encore sous

1. Die Darstellung der Geburt Christi in der bildenden Kunst. Entwicklungs-geschichtliche Studie von Dr Max Schmid. Mit 63 Illustration n. Stuttgart, J. Hoffmann, 1890, in-8. vi-128 p.

2. Ferdinand Noack. Die Geburt Christi in der bildenden Kunst bis zur Renaissance, in Anschluss an Elfenbeinwerke des grossherzoglich-n Museums zu Darmstadt. Darmstadt, Bergstrœsser, 1894, gr. in-8, vii-72 p. 4 pl.

3. Eduard Dobbert. Das Abendmahl Christi in der bildenden Kunst bis gegen den schluss des 14 Jahrhunderts: Repertorium für Kunstwissenschaft, XIV p. 357-384, 506-527.

4. A. Niedling. Bücher-Ornamentik in Miniaturen, Initialen, Alphabeten v. s. w. in historischer Darstellung, das IX bis XVIII Jahrhundert umfassend. Wien. Voigt, in-fol., 2 p., 30 pl. (dont quelques-unes en couleur). Du même genre me paraît être le recueil de X. Arnold. Sammlung von Initialen aus Werken von 11-17 Jahrh. 1 2 Auflage. Leipzig, 1890, in-4, 30 pl. en couleur.

5. L'Enlumineur (L'Art dans la famille), organe de la Société des miniaturistes et enlumineurs de France. Journal d'art pratique..... paraissant le 1er de chaque mois... Directeur-rédacteur en chef: Alphonse Labitte. Paris, in-4°. On y trouve quelques notices sur d'anciennes miniatures.

6. Pierre de Nolhac. Le Virgile du Vatican et ses peintures. Paris, Klincksieck, 1897, in-4, 111 p., 1 pl. en photogravure. (Tiré des Notices et extraits des manuscrits, XXXV, 2e partie.)

7. Die Calenderbilder des Chronographen vom Jahre 354 herausgegeben von Josef Strzygowski. Mit 30 Tafeln. Berlin Reimer, 1888, in-4, 106 p. (Jahrbuch des kaiserlich. deutschen archæologischen Instituts. Ergänzungsheft, I.)

8. Henri Omont. Le plus ancien manuscrit de la Notitia Dignitatum: Mémoires de la Soc. nationale des Antiquaires de France, LI, p. 225-244, vign. dans le texte

l'influence de l'art antique qu'a été orné un évangéliaire grec du
vi° siècle dont il ne reste que le titre et les canons dans le n° 847 de
la bibliothèque impériale de Vienne, reliés avec un Rufin en onciales
du vi° siècle. M. Franz Wickhoff [1] a fait d'intéressants rapprochements entre la croix encadrée dans une couronne peinte sur le premier feuillet de l'un et l'autre livre, et les croix de même espèce
sculptées sur les sarcophages ou gravées sur les monnaies.

C'est encore à l'antiquité que se rattache le manuscrit de la Genèse
de R. Cotton, et dont il ne reste au Musée britannique que des
fragments. M. H. Omont [2] a signalé, étudié et publié des copies des
miniatures de ce manuscrit exécutées pour Peiresc et conservées a
la Bibliothèque nationale. M. Tikkanen [3] a fait d'intéressants rapprochements entre les peintures du manuscrit de Cotton et les scènes
de la Genèse figurées sur les mosaïques de Saint-Marc de Venise. On
en rapprochera les peintures de la Genèse de Vienne commentées
par MM. W. Ritter von Hartel et Wickhoff, dont la publication en fac-similés a été citée plus haut. M. Samuel Berger [4] a
recherché les origines des peintures du célèbre Pentateuque de
Tours.

Le deuxième volume de l'Histoire de l'art byzantin de Kondakoff [5]
est presque entièrement consacré aux miniatures. Le chapitre vi
présente un état général de l'art byzantin du ix° à la fin du xii°
siècle. Dans les chapitres vii à ix sont spécialement étudiées l'illustration du Psautier et celle des Homélies de saint Grégoire, l'illustration de la Bible, des ménologes, des vies de saints, etc. M. Millet [6]
a étudié et fait reproduire quelques miniatures représentant l'Annonciation.

1. Franz Wickhof. *Die Ornamente eines altchristlichen Codex der Hofbibliothek : Jahrbuch der kunsthistorisch. Sammlungen des allerhöchsten Kaiserhauses,*
XIV, p. 196-213, pl. XIV-XVIII, héliogravures dont quatre en couleur.

2. H. Omont. *Fragments du manuscrit de la Genèse de R. Cotton conservés
parmi les papiers de Peiresc : Mémoires de la Soc. nat. des Antiquaires de France,*
LIII, p. 163-172, 2 pl. en phototypie.

3. J.-J. Tikkanen. *Die Genesismosaiken von S. Marco in Venedig und ihr
Verhältnis zu den Miniaturen der Cottonbibel nebst einer Untersuchung über den
Ursprung der mittelalterlichen Genesisdarstellung besonders in der byzantinischen
und italienischen Kunst : Acta Societatis scientiarum Fennicæ,* XVII, p. 205-357,
16 pl. en lithogr. (Tirage à part : Helsingfors, 1889, in-4, iii-153 p., 16 pl.)

4. *Bulletin de la Société nationale des Antiquaires de France,* 1892, p. 165-167.

5. *Histoire de l'art byzantin considéré principalement dans les miniatures,* par
N. Kondakoff. *Édition française originale publiée par l'auteur sur la traduction
de* M. Trawinski *et précédée d'une préface par* M. A. Springer. *Tome second,*
accompagné de 13 gravures. Paris, librairie de l'Art, 1891, in-4, 184 p. (*Bibliothèque internationale de l'art.*)

6. Gabriel Millet. *Quelques représentations byzantines de la salutation angé-
lique : Bulletin de correspondance hellénique,* XVIII, p. 453-483, pl. XIV-XV bis,
en phototypie.

Dans son étude d'ensemble sur l'illustration du Psautier, M. Tikkanen[1] n'a encore abordé que le domaine byzantin.

Les miniatures du IXe siècle qui ornent le manuscrit grec médical d'Apollonius de Kitium, conservé à la Bibliothèque Laurentienne sous le n° LXXIV, 7, ont été reproduites à la suite de la publication du texte de ce manuscrit par M. H. Schöne[2].

M. Diehl[3] a étudié deux manuscrits grecs à miniatures du XIe siècle, conservés à la bibliothèque de l'Université de Messine : un octoichon et un recueil de vies de saints en tête de chacune desquelles figure l'image du saint. Un grand nombre de miniatures grecques ont été reproduites dans l'Épopée byzantine de M. Schlumberger[4].

Les érudits qui se préoccupent de préciser l'influence byzantine sur l'art occidental, spécialement la peinture, trouveront de précieux renseignements dans le recueil que M. Müntz[5] a formé des documents écrits témoignant de la présence d'artistes grecs en Allemagne; en France et en Italie au moyen âge. On y joindra un mémoire de M. Frothingham[6]. C'est encore de l'influence orientale sur l'Occident qu'il s'agit dans un livre de M. J. Strzygowski[7] : après avoir décrit un évangéliaire du couvent d'Etschmiadzin avec peintures syréennes et arméniennes, l'auteur a fait d'intéressants rapprochements entre l'ornementation syrienne et celle de l'évangéliaire de Godescalc.

L'imagerie des calendriers au moyen âge, avec des aperçus sur l'antiquité, a fait l'objet d'une étude dans laquelle M. A. Riegl[8],

1. J.-J. Tikkanen. *Die Psalterillustration im Mittelalter*. I, *Die Psalterillustration in der Kunstgeschichte*. 1. *Byzantinische Psalterillustration*. *Monchisch-theologische Redaction*. Mit 6 *Tafeln* und 87 *Textillustrationen*. Helsingfors. Druckerei der finnischen Litteratur-Gesellschaft, 1895, in-4, 90 p., 6 pl. en phototypie. — 2 *Byzantinische Psalterillustration*. *Der mönchisch-theologischen Redaction verwandte Handschriften*. *Die aristokratische Psaltergruppe*. *Einzelne Psalterhandschriften*. Mit 3 *Tafeln* und 50 *Textillustrationen*. Leipzig, p. 91-152, pl. VII-IX en phototypie.

2. *Apollonius von Kitium*. *Illustrierter Kommentar zu der Hippokratischen Schrift* περὶ ἄρθρων *herausgegeben von* Hermann Schöne. *Mit* 31 *Tafeln in Lichtdruck*. Leipzig, Teubner, 1896, in-4, XXXIX-35 p., 31 pl. en phototypie.

3. Ch. Diehl. *Notice sur deux manuscrits à miniatures de la bibliothèque de l'Université de Messine : École franç. de Rome*, *Mélanges*, 1888, p. 309-322.

4. Gustave Schlumberger. *L'Épopée byzantine à la fin du dixième siècle*. Paris, Hachette, 1896, in-4, VI-800 p.

5. Eug. Müntz. *Les artistes byzantins dans l'Europe latine du Ve au XVe siècle* : *Revue de l'art chrétien*, 1893, p. 181-190.

6 A.-L. Frothingham. *Byzant artists in Italy from the sixth to the fifteenth century : American Journal of archæology*, IX (1894)

7. Josef Strzygowski. *Das Etschmiadzin-Evangeliar. Beiträge zur Geschichte der armenischen, ravennatischen und syro-ägyptischen Kunst*. *Mit* 18 *illustrationen im Text und* 8 *Doppeltafeln* (en phototypie). Wien, 1891, Druck und Verlag der mechitharisten Congregation, in-4, VIII-128 p. (*Byzantinische Denkmäler*, I.)

8. A. Riegl. *Die mittelalterliche Kalenderillustration*. *Mit* 4 *Tafeln* : *Mittheilungen des Instituts für œsterreich. Geschichte*, X, p. 1-74. (Tirage à part : Innsbruck, Wagner, in-8, IV-74 p., 4 pl.)

après avoir présenté une classification des calendriers illustrés du moyen âge a décrit d'une façon spéciale le Martyrologe du moine Wandalbert de Prüm et un calendrier écrit à Saint-Mesmin vers l'an 1000 (Vatican, mss. Regina 438 et 1263).

Quelques pages des contributions de M. J. von Schlosser [1] aux sources écrites de l'histoire de l'art du haut moyen âge sont consacrées aux miniatures; il a cherché (p. 19-27) à déterminer le cercle d'influence des Libri Carolini sur la décoration des manuscrits; il a démontré (p. 107-120) que le Codex aureus de Saint-Emmeran à Munich est une copie faite en 870 d'un évangéliaire d'Alcuin.

M. Müntz [2], dans ses Études iconographiques, a consacré des pages d'un intérêt capital (p. 135-164) aux miniatures irlandaises et anglosaxonnes au IXe siècle.

A la recherche des diverses influences qui ont agi sur la peinture carolingienne est consacrée une partie du livre de M. Leitschuh [3]; il a en outre étudié les modes de représentation des scènes de la Bible, des saints et des personnages contemporains. Le mémoire de l'abbé Bossebœuf [4] sur l'école de calligraphie et de miniature de Tours n'est qu'un résumé des travaux de M. L. Delisle.

Au cinquième volume du catalogue des manuscrits de la Bibliothèque ducale de Wolfenbüttel [5] ont été annexées des planches reproduisant les illustrations d'évangéliaires des IXe et Xe siècles.

Prenant pour point de départ le livre de M. L. Delisle sur les sacramentaires, M. A. Springer [6] s'est plus spécialement arrêté à l'illustration de ce genre de livres et a recherché s'il y a eu un prototype, comment l'ornementation s'est modifiée au cours des temps et s'il est possible de répartir les sacramentaires en groupes. Dans ses

1. Julius von Schlosser. Beiträge zur Kunstgeschichte aus den Schriftquellen des frühen Mittelalters : Sitzungsbericht's der philos.-histor. Classe der k. Akademie der Wissenschaften, Wien. vol. 123, II Abhandl., 186 p.

2. Eugène Müntz. Études iconographiques et archéologiques sur le moyen âge. Première série. Paris, Leroux, 1887, in-12, VI-173 p. (Petite bibliothèque d'art et d'archéologie.)

3. Franz Friedrich Leitschuh. Geschichte der karolingischen Malerei, ihr Bilderkreis und seine Quellen. Mit 59 Abbildungen. Berlin, Siemens, 1894, in-8°, XII-471 p. — La 1re partie de ce livre avait paru en 1889 sous le titre : Der Bilderkreis der karolingischen Malerei, seine Umgrenzung und seine Quellen. Von der hohen Philosoph. Facultät der Kaiser-Wilhelms-Universität Strassburg gekrönte Preisschrift. 1er Theil. Bamberg, Buchner, 1889, in-8°, 88 p.

4. L. A. Bossebœuf. École de calligraphie et de miniature de Tours. I. Des origines au Xe siècle : Mém. de la Soc. archéolog. de Touraine, XXXVI, p. 303-434.

5. O. von Heinemann. Die Handschriften der herzoglichen Bibliothek zu Wolfenbüttel. Wolfenbüttel, Zwissler, 364 p.

6. Anton Springer. Der Bilderschmuck in den Sacramentarien des frühen Mittelalters : Abhandlungen der philologisch-historischen Classe der k. sächsischen Gesellschaft der Wissenschaften, XI, p. 331-378. — Cf. un compte rendu par E. Wölfert, dans Göttingische gelehrte Anzeigen, 1890, p. 865-889.

études sur l'histoire de la peinture des livres à Trèves, M. Braun [1] a étudié entre autres manuscrits un sacramentaire du xe siècle conservé à la bibliothèque de l'Université de Fribourg.

Le Psautier d'Utrecht, qui a donné lieu à tant de dissertations et dont une reproduction intégrale a été publiée en 1873 a fait l'objet d'un mémoire de M. Paul Durrieu [2] dont la conclusion est que, par les caractères paléographiques de l'écriture onciale, par l'ornementation des initiales et par l'illustration, ce manuscrit, apparenté aux Évangiles d'Ebbon, se rattache aux écoles de Reims et de Metz. Ces conclusions ne sont pas essentiellement différentes de celles qu'a prises M. A. Goldschmidt [3], qui considère le psautier d'Utrecht comme appartenant à une école ayant pris son point de départ au monastère de Hautvillers dans le diocèse de Reims, et qui nous a laissé comme témoignages de son activité, avec le psautier, l'évangéliaire d'Ebbon, le psautier de Troyes, puis l'évangéliaire d'Hincmar, celui dit de Loisel, celui de Blois, et le *Douce Psalter* à Oxford. Pour l'histoire de l'ornementation des livres à l'époque carolingienne, nous citerons encore le mémoire de M. J. von Schlosser [4] sur un exemplaire de l'ouvrage de Raban Maur *De sancta cruce*, dont l'illustrateur Hatto, plus tard abbé de Fulda, était contemporain de l'auteur. Il y a là d'intéressantes observations sur les poésies en acrostiches dont la mode remonte à l'antiquité.

Une école de peinture dont le centre était à Cologne, et qui a fleuri au temps des Otton, école essentiellement traditionnelle, a été l'objet d'une étude du Dr W. Vöge [5]. Le même savant [6] a recherché et décrit les manuscrits artistement décorés, écrits sur l'ordre de l'évêque Sigebert de Minden (1022-1026). L'école de Minden est apparentée à celle de Cologne, sans cependant pouvoir être confondue

---

1. E. Braun. *Beiträge zur Geschichte der Trierer Buchmalerei im früheren Mittelalter. Mit sechs Lichtdrucktafeln : Westdeutsche Zeitschrift. Ergänzungsheft IX herausgegeben von Dr Joseph Hansen*, p. 1-120, 6 pl. en phototypie.

2. Paul Durrieu. *L'origine du manuscrit célèbre dit le Psautier d'Utrecht : Mélanges Julien Havet*, p. 639 657, 2 planches. — Voyez un compte rendu critique de R. Stettiner, dans *Repert. Kunstw.*, XVIII, p. 199-203.

3. Adolph Goldschmidt. *Der Utrechtpsalter : Repertorium für Kunstwissenschaft*, XV. p. 156-169.

4. Julius von Schlosser. *Eine Fuldaer Miniaturhandschrift der k. k. Hofbibliothek : Jahrbuch der kunsthistorischen Sammlungen des allerhöchst. Kaiserhauses*, XIII, p. 1-36, 1 pl en couleur, vign. dans le texte.

5. Dr Wilhelm Vöge. *Eine deutsche Malerschule um die Wende des ersten Jahrtausende. Kritische Studien zur Geschichte der Malerei in Deutschland im 10. und 11. Jahrhundert. Mit 46 Abbildungen* Trier, Lintz 1891, in-8, 391 p. (Westdeutsche Zeitschrift. Ergänzungsheft VII herausgegeben von Prof. Dr K. Lamprecht). La 1re partie de cet ouvrage avait paru en 1891 (Trier, in-8, 112 p.) comme dissertation de l'Université de Strasbourg.

6. Dr Wilhelm Vöge. *Die Mindener Bilderhandschriftengruppe : Repertorium für Kunstwissenschaft*, XVI, p. 198-212.

avec elle. Assez grossières sont les peintures qui ornent un manuscrit, également du xie siècle. un sacramentaire, conservé à la bibliothèque universitaire de Göttingen (ms. theolog 231), et dont quatre ont été reproduites dans un mémoire du P. S. Beissel[1]. Très remarquable, au contraire, aussi bien par son texte que par les images, est un lectionnaire du xie siècle conservé à la cathédrale d'Hildesheim (ms. 688) et décrit par M. C. Heimann[2].

Le P. S. Beissel[3] est l'auteur d'une étude approfondie sur l'évangéliaire de saint Bernward, évêque d'Hildesheim, très importante pour l'histoire de la peinture allemande.

M. Hann[4] a fait connaître un sacramentaire du xie siècle qui ne rentre dans aucune des classes établies par M. Springer.

MM. Otte et E. aus'm Weerth[5] ont extrait les figures de deux roses des vents, l'une d'un manuscrit du ixe siècle, l'autre d'un manuscrit du xe ou xie siècle.

Nous signalerons encore une étude comparative[6] des dessins et peintures qui ornent les deux manuscrits du livre des privilèges de Saint-Martin-des-Champs, l'un de la fin du xie siècle, conservé au British Museum, l'autre, du xiiie siècle, à la Bibliothèque nationale.

MM. R. Merlet et A. Clerval[7] ont montré le parti que les archéologues pouvaient tirer des anciennes miniatures pour la restitution des monuments disparus.

La Bible de Souvigny a donné lieu à une intéressante note de M. Bertrand, suivie d'observations de M. R. de Lasteyrie[8] sur la prétendue date de 1115 inscrite à l'une des pages du volume.

---

1. Stephan Beissel. *Ein Sakramentar des XI Jahrhunderts aus Fulda. Mit 4 Abbildungen*: Z-itschrift für christliche Kunst, VII, col. 65-88.

2. C. Heimann. *Bilderhandschrift des XI Jahrhunderts in der Dombibliothek zu Hildesheim. Mit 8 Abbildungen*: Ibid., III, col. 137-152.

3. *Des hl. Bernward Evangelienbuch im Dome zu Hildesheim, mit Handschriften des 10. und 11. Jahrhunderts in kunsthistorischer und liturgischer Hinsicht verglichen von Stephan Beissel* S. J. *Mit XXVI unveränderlichen Lichtdrucktafeln herausgegeben von* G. Schrader und F. Koch. Hildesheim, Lax, 1891, in-4, VI-71 p.

4. Fr. G. Hann. *Aus den Kunstschätzen des Benedictiner-Stiftes St. Paul im Lavantthale. I. Einer Sakramentar aus dem* 11 *Jahrhunderte*: Carinthia, I, pp. 33-37, 70-75.

5. H. Otte und E. aus'm Weerth. *Zwei frühmittelalterliche Windrosen*: Römische Quartalschrift, 1894, p. 293-307, pl. IV et V.

6. Maurice Prou. *Dessins du XIe siècle et Peintures du XIIIe siècle*: Revue de l'art chrétien, 1890, 2 pl. en phototypie.

7. R. Merlet et l'abbé A. Clerval. *Un manuscrit chartrain du XIe siècle*. Chartres, impr. Garnier, 1893, in-4, VIII-267 p., 1 héliograv. et 1 pl. en couleur reproduisant un portrait de l'évêque Fulbert par André de Micy.

8. Communication de M. Bertrand et observations de M. R. de Lasteyrie sur la Bible de Souvigny: *Bulletin archéologique du Comité des travaux histor.*, 1893, p. xxxix-xlii.

A propos d'un psautier orné de quarante-cinq tableaux et deux cent neuf initiales avec figures, écrit probablement à Saint-Albans au milieu du xⁱⁱ siècle, aujourd'hui conservé à Hildesheim, M. A. Goldschmidt [1] a étudié l'illustration du psautier en général. Il a donné du manuscrit d'Hildesheim (qui contient aussi le texte français de la chanson de saint Alexis) une description détaillée, s'arrêtant spécialement aux lettrines, dont il a rapproché la décoration des œuvres de sculpture de la même époque.

A la description d'un manuscrit de la Chronique d'Albert d'Aix, du xⁱⁱ siècle, récemment découvert, M. B Kugler [2] a joint la reproduction de trois initiales richement ornées.

Un lectionnaire enluminé de l'église Saint-Nicolas à Höxter appartient à l'art gothique naissant [3].

M. Haseloff [4] a étudié plusieurs manuscrits à peintures du xⁱⁱⁱ siècle sortis des ateliers de la Thuringe et de la Saxe « Le livre de M. Haseloff n'a pas seulement pour but de mettre en relief le caractère de la peinture des anciennes écoles de la Thuringe et de la Saxe ; il sera très utile à consulter pour voir quelles particularités il importe de relever dans la description des psautiers liturgiques... On y trouvera beaucoup d'observations sur les sujets que traitaient habituellement les artistes chargés de décorer ces livres de luxe. Des chapitres étendus y sont consacrés à l'illustration des calendriers et à la représentation des scènes principales de l'Ancien et du Nouveau Testament [5]. »

L'évangéliaire de la cathédrale de Trèves, dont le P. S. Beissel [6] a étudié deux peintures représentant le baptême du Christ et la crucifixion, a été composé vers l'an 1200. A l'époque gothique appartiennent les miniatures qui illustrent les manuscrits du poème allemand de Thomasin von Zerclaere [7], composé en 1215-1216 ;

1. Adolph Goldschmidt. *Der Albanipsalter in Hildesheim und seine Beziehung zur symbolischen Kirchenskulptur des XII Jahrhunderts, mit 8 Tafeln und 45 Text-illustrationen.* Berlin, G. Siemens, 1895, in-8, 154 p.

2. B Kugler. *Eine neue Handschrift der Chronik Alberts von Aachen.* Tübingen, Druck von W. Armbruster und O. Riecker, 1893, in 4°, 121 p. (Doktor. der philos. Fak. zu Tübingen).

3. Graf J. Asseburg. *Frühgothisches Lectionarium in der St. Nikolaikirche zu Höxter. Mit Abbildung :* Zeitschrift für christliche Kunst, VIII, p. 185-198.

4. Arthur Haseloff. *Studien zur deutschen Kunstgeschichte. Eine thuringisch-sächsische Malerschule des 13. Jahrhunderts.* Strassburg, Heitz, 1897, in-8°, 379 p. 49 pl.

5. *Journal des Savants*, 1898, p. 67.

6. Steph. Beissel. *Die Darstellung der Taufe und der Kreuzigung Christi in einer Handschrift des Trierer Domes. Mit zwei Abbildungen :* Zeitschrift für christliche Kunst, I. col. 131-138.

7. *Der Bilderkreis zum wälschen Gaste des Thomasin von Zerclaere nach den vorhandenen Handschriften untersucht und beschrieben von* Adolf von Oechelhaeuser. *Mit 8 Tafeln.* Heidelberg, Kœster, 1890, in-4, 2 feuillets-87 p.,8 pl. en phototypie.

les dix manuscrits subsistants sortent tous d'un même prototype.

On sait de quelle importance est pour l'histoire de la miniature l'illustration des manuscrits de Prudence. M R. Stettiner[1] a établi la filiation de dix-neuf manuscrits de la Psychomachie, dont le plus récent est de 1289

Citons pour l'Italie l'étude de M. Malaguzzi Valeri[2] sur l'histoire de la miniature à Bologne du xiiie au xviiie siècle.

En France, M. Jules Gauthier[3] a décrit les peintures d'un psautier de la bibliothèque de Besançon provenant de l'abbaye de Bonmont et que M. L. Delisle[4] a démontré n'avoir pas été transcrit avant 1247.

A propos d'un psautier du xiiie siècle, orné de peintures, et qui a appartenu à la reine Jeanne de Navarre, fille de Charles le Mauvais, M. L. Delisle[5] a dressé une liste de volumes provenant de la librairie de la même reine.

On a composé aux xiiie et xive siècles toute une série de livres, abrégés et arrangements de l'Écriture sainte, dont les peintures servaient à graver dans la mémoire les principaux faits de l'histoire sainte, les points essentiels du dogme, les règles de la morale chrétienne et les exemples des saints personnages de l'ancienne et de la nouvelle loi. M. L. Delisle[6] leur a consacré un intéressant chapitre de l'*Histoire littéraire*.

M. G. Leroy[7] a décrit le livre du sacre des rois de France, qu'avait fait exécuter Charles V, aujourd'hui conservé au Musée Britannique, et qui est orné de trente-huit miniatures représentant des scènes du couronnement. Le même savant[8] a signalé aussi au Musée Britanni-

---

1. Richard Stettiner. *Die illustrierten Prudentiushandschriften.* Strassburg und Berlin Preuss. 1895 in-8, 400 p.(Inaugural-Dissertation Universit. Strassburg).

2 Francesco Malaguzzi Valeri. *La miniatura in Bologna dal XIII al XVIII secolo : Archivio storico italiano*, ser. 5, XVIII, p. 242-315.

3. Jules Gauthier. *Le psautier de Bonmont. Notice sur un manuscrit à peintures de la première moitié du XIIIe siècle : Bulletin archéologique du Comité des travaux histor.*, 1894, p. 120-126, pl. V-VIII en phototypie.

4. L. Delisle, compte rendu du *Catalogue des manuscrits de la Bibliothèque de Besançon publ. par* Castan : *Journal des Savants*, 1897, p 528-541. Dans ce mémoire M. L. Delisle a abordé plusieurs points de l'histoire de l'écriture et de la peinture des manuscrits Il a signalé un Justin transcrit à Florence en nov. 1168 par Nicola Riccio ; trois volumes de Tite-Live, copiés à Florence pour Côme de Médicis, etc.

5. L. Delisle.*Notice sur un psautier du XIIe siècle appartenant au comte de Crawford : Biblioth. de l'École des Chartes*, LVIII, p. 381-393.

6. L. D[elisle]. *Livres d'images destinés à l'instruction religieuse et aux exercices de piété des laïques : Histoire littéraire*, XXXI, p. 213-285.

7. G. Leroy. *Le livre du sacre des rois ayant fait partie de la librairie de Charles V au Louvre, actuellement conservé au British Museum, à Londres : Bulletin histor. et philolog. du Comité des travaux histor.,*1896, p. 613-627.

8. Du même. *Note sur le pontifical de Guillaume II de Melun, archevêque de Sens (1346-1378) (Manuscrit du British Museum, Bibl. Egerton 931) : Ibid.*, 1896, p. 357-362.

que un pontifical de Guillaume II de Melun, archevêque de Sens, illustré de soixante-dix peintures reproduisant les unes des scènes de la vie du Christ, les autres les principaux actes du ministère d'un évêque.

Au xiv⁰ siècle appartient un dessin du Musée du Louvre, la *mort de la Vierge*, longtemps attribué à Giotto, et dans lequel M. P. Durrieu [1] a cru reconnaître la main d'André Beauneveu. M. R. de Lasteyrie [2] a combattu cette conclusion ; à son mémoire sont annexées des planches reproduisant des miniatures d'André Beauneveu tirées du psautier latin-français du duc de Berry, et des miniatures de Jacquemart de Hesdin d'après un psautier du duc de Berry, les grandes et les petites Heures du même prince. Un compte de 1488, décrivant la reliure dont Charles VIII fit recouvrir les grandes Heures du duc de Berry (Bibl. nat., ms. lat. 919) a permis d'établir quel était alors l'état de ce manuscrit célèbre : il renfermait quarante-cinq grandes peintures, dont vingt-huit seulement subsistent [3]. C'est encore d'un manuscrit de la librairie du duc de Berry qu'il s'agit dans un mémoire de M. L. Delisle [4] consacré à un livre d'astrologie qu'avait fait exécuter, entre 1394 et 1403, l'abbé de Bruges, Lubert Hautschild.

M. H. Omont [5] a décrit les miniatures d'un manuscrit de la *Somme le roi*, de la première moitié du xiv⁰ siècle, conservé à la Bibliothèque Ambrosienne, et qui a appartenu au duc Louis de Bourbon, mort en 1342.

M. Alcius Ledieu [6] a étudié les miniatures de deux livres d'heures du xiv⁰ siècle (mss n⁰ 12 et 16 de la bibliothèque d'Abbeville) ; l'un d'eux contient d'intéressantes représentations de la vie champêtre.

M. Thompson [7] a retracé l'histoire de l'ornementation des manuscrits en Angleterre pendant le xiv⁰ et le xv⁰ siècle. A signaler du même

1. Paul Durrieu. *Un dessin du Musée du Louvre attribué à André Beauneveu : Fondation Eugène Piot Monuments et mémoires publiés par l'Académie des Inscriptions.* I, p. 179-202, pl. XXV-XXVI en héliogr.
2. R. de Lasteyrie. *Les miniatures d'André Beauneveu et de Jacquemart de Hesdin : Ibid.*, III, p. 71-119, pl. VI-XI en héliogr.
3. *État des grandes Heures du duc de Berri en 1488 : Biblioth. de l'École des Chartes*, LVII. p. 263-266.
4. L. Delisle. *Notice sur un livre d'astrologie de Jean duc de Berri : Bulletin du Bibliophile*, 1896, p. 105-116, 1 pl.
5. H. Omont. *Notice sur un manuscrit à peintures ayant appartenu au duc Louis I⁰ʳ de Bourbon, conservé à la bibliothèque Ambrosienne de Milan : Revue de l'art chrétien*, 1890, p. 467-470.
6. Alcius Ledieu. *Notice sur deux livres d'heures du XIV⁰ siècle* (fig. dans le texte) ; *Revue de l'art chrétien*, 1891, p. 405-411.
7. E. Maunde Thompson. *English illuminated manuscripts ; fourhteenth and fifteenth centuries : Bibliographica*, II, p. 1-22, pl. I-VI en phototypie, dont une planche en couleur.

savant [1] un article sur les figures grotesques et humoristiques dans les livres du moyen âge.

Pour la miniature en Italie au xive siècle, signalons l'étude de M. Veludo [2] sur un graduel de la bibliothèque de Saint-Marc enluminé en 1363 par un artiste vénitien, Giustino, fils de Ghirardini da Forli.

Les principales miniatures qui ornent les manuscrits de la *Divine Comédie* ont été étudiées par M. Camille Morel [3], qui a reproduit celles des manuscrits L. III. 17 de la Bibliothèque nationale universitaire de Turin , 4119 et 4530 des nouvelles acquisitions françaises et ital 2017 de la Bibliothèque nationale de Paris. Le même savant [4] a publié en phototypie les miniatures du xve siècle d'un exemplaire de l'Enfer commenté par Guiniforte Bargigi, dont la plus grande partie forme aujourd'hui le ms. italien 2017 de la Bibliothèque nationale et dont quelques feuillets sont conservés à la bibliothèque communale d'Imola sous le n° 32. Enfin, dans l'*Iconographie Dantesque* de M. L. Volkmann [5], on trouvera (p.17-52) l'énumération et la description des manuscrits à peintures de la *Divine Comédie* avec la reproduction d'un certain nombre de ces peintures, principalement tirées des mss. italiens 72 et 74 de la Bibliothèque nationale de Paris.

M. Pierre de Nolhac [6], qui a consacré une partie de son activité scientifique à la recherche des livres provenant de la bibliothèque de Pétrarque, en a décrit deux qui sont ornés de peintures : l'un, aujourd'hui conservé à la Bibliothèque nationale sous la cote 8500 des mss. latins, contient un Cassiodore illustré, et l'autre, au Vatican, lat. 2193, offre des représentations des travaux des mois. M. Jules Gauthier [7] a

---

1. Du même *The grotesque and the humorous in illuminations of the middle ages : Ibid.*, II, p. 309-332, pl. XVI (en couleur le Dragon rouge, d'après l'Apocalypse. écrit en Angleterre vers 1330), vign. dans le texte.

2. G. Veludo. *Un antifonario del secolo XIV descritto : Atti del r. Istituto Veneto di scienze*, 6e s., VI, p. 1157-1163.

3. *Les plus anciennes traductions françaises de la Divine Comédie publiées pour la première fois... par* Camille Morel. *II° partie. Illustrations.* Paris, Welter, 1895, album in-8, 21 pl.

4. *Une illustration de l'Enfer de Dante. LXXI miniatures du XV° siècle, reproduction en phototypie et description par* Camille Morel. Paris, Welter, 1896, in-8 oblong, xiii-139 p., LXXI pl.

5. Ludwig Volkmann. *Iconografia dantesca. Erster Abschnitt. Das 14. und 15. Jahrhundert.* Leipzig, Breitkopf und Härtel, 1897, in-8, iv-179 p. — On trouvera une description et une classification des manuscrits de Dante conservés à la Bibliothèque Laurentienne, dans : A. Tenneroni. *I codici Laurenziani della Divina Commedia : Rivista delle biblioteche*, I, p. 133-142.

6. Pierre de Nolhac. *Manuscrits à miniatures de la Bibliothèque de Pétrarque : Gazette archéologique*, XIV, p. 25-32, pl. 7 et 8.

7. Jules Gauthier. *Notice de deux manuscrits du British Museum* (*Royal 6 E IX et additional Ms. 17385*) : *Comité des travaux histor. et scient. Bulletin histor. et philologique*, 1896, p. 331-342, 1 pl. en phototypie.

décrit les miniatures qui ornent les manuscrits d'un poème latin dédié
à Robert d'Anjou par Convenevole da Prato ; et. en même temps, le
manuscrit d'une apothéose du connétable de Bourbon composé en 1518
par Laurent Pillard M. Ulysse Robert [1] a attiré l'attention de la Société
des Antiquaires sur un manuscrit orné de douze grandes miniatures
et qui passe à tort pour avoir été écrit pour la reine Yolande, femme
de Louis II roi de Naples. Citons encore pour le xive siècle une
description de deux initiales par M. Schalk [2].

Il y eut à Prague, à la fin du xive siècle et au commencement du
siècle suivant, une école brillante de miniaturistes protégée par Venceslas IV, qui fit exécuter des manuscrits que M. J. von Schlosser [3] a
étudiés ; l'un des plus remarquables est une Bible, où l'on retrouve
des traces de l'influence française.

M. R. Kautzch [4] a mis en lumière le changement qui s'opéra au
xve siècle dans les conceptions artistiques et insisté sur le réalisme
dans l'illustration des manuscrits.

Les manuscrits de chœur bolonais ont fourni à M. L. Frati la matière d'un article [5] et d'un livre [6]. En France, les livres de chœur de
Saint-Sauveur d'Aix [7], enluminés par Pierre Burle, ne datent que des
premières années du xvie siècle. On conserve au trésor de Notre-
Dame d'Embrun quelques livres de chœur enluminés à la fin du
xvie siècle ou au commencement du xviie siècle [8]. M. G. Hann [9] a
signalé des lettres d'indulgences de 1374, 1312 et 1315, ornées de

1. *Bulletin de la Société nationale des Antiquaires de France*, 1892. p. 71-72.
2. K. Schalk. *Zwei Initialen eines Wiener Grundbuchs aus dem Jahre* 1389 :
Mittheilungen des Institute für œsterreich. Geschichte, XII, p 655-657.
3. Julius von Schlosser. *Die Bilderhandschriften Königs Wenzel I : Jahrbuch
der kunsthistorischen Sammlungen des Allerhöchsten Kaiserhauses*, XIV, p. 214-
317, pl. XIX XXV (héliogravure), vignettes dans le texte.
4. Dr Rudolf Kautzch. *Beul-itenden Erörterungen zu einer Geschichte der deutschen Handschriftenillustration im späteren Mittelalter*. Strassburg, Heitz,
1894. in 8, 87 p. (*Studien zur deutschen Kunstgeschichte*, Heft. 3.)
5. Luigi Frati. *Notizie storiche sugli scrittori e miniatori dei libri corali
dello ch esa di S. Petronio in Bologna : Rivista delle biblioteche e degli archivi*,
VI, p. 109-195. Cet article a été reproduit dans l'ouvrage indiqué à la note suivante.
6. *I Corali della basilica S. Petronio in Bologna illustrati* da Luigi Frati Bologna, Zanichelli, 1896, in 8, 400 p (avec vignettes dans le texte obtenues par le
procédé direct) Sur les livres de chœur voy. : Francesco Carta. *Codici corali e
libri a stampa miniati della Biblioteca nazionale di Milano. Catalogo d scrittivo*.
Roma, 1891, in 8, xii-175 p. (Ministero dell' Istruzione pubblica. Indici e cata-
loghi, XIII).
7. Abbé Marbot. *Les livres choraux de Saint-Sauveur d'Aix : Bullet. histor.
et philolog. du Comité des travaux historiques*, 1894, p. 464-475.
8. L'abbé J. Fuzy. *Les livres de chœur de l'ancienne métropole d'Embrun*.
Gap, Jouglard, 1893, in 8, 4 pl.
9. F. G. Hann. *Ueber bemalte Urkunden im Archive des Kärntnerischen Geschichtsvereins zu Klagenfurt : Carinthia*, 84, p. 65-71.

grossières peintures et qui étaient destinées à être exposées dans les églises.

On conserve au grand séminaire de Besançon [1] un missel d'Amédée de Talaru, archevêque de Lyon, composé entre 1418 et 1425, orné jadis de vingt-huit peintures, dont vingt-quatre subsistent, représentant l'évêque dans l'exercice de ses fonctions.

Plus que personne, M. Paul Durrieu [2] a contribué à faire connaître les œuvres des miniaturistes français du xve siècle. Il a consacré un volume important à l'enlumineur parisien Jacques de Bezançon [3], qui travailla pour Louis XI et Charles VIII, et dressé le catalogue des œuvres qui lui sont attribuables. Dans une miniature qui orne un manuscrit des statuts de l'ordre de Saint-Michel, daté de 1493, il a su retrouver sous la figure de saint Michel apparaissant à Charles VIII les traits d'Anne de Bretagne : c'est peut-être une œuvre de Jean Perréal, dit Jean de Paris [4]. Citons encore son étude [5] sur une peinture de Jean Foucquet représentant la tenue d'un chapitre de l'ordre de Saint-Michel par Louis XI et l'article du *Bulletin des Musées* [6] relatif à une miniature du livre d'Heures d'Étienne Chevalier représentant sainte Marguerite. C'est à l'école de Foucquet qu'appartient l'illustration d'une traduction française de la Théséide de Boccace composée peu après 1470, étudiée par M. Chmelarz [7]. Le même savant [8] a consacré une étude à un manuscrit du Songe du pastourel, poème dédié à René d'Anjou.

M. L. Delisle [9] a attiré l'attention des bibliophiles sur une miniature du xve siècle arrachée aux Heures de Charles frère de Louis XI

1. Jules Gauthier. *Le missel et pontifical d'Amédée de Talaru, archevêque de Lyon : Biblioth. de l'École des Chartes,* 1888, p. 350-367.
2. Voyez les nombreuses notes et observations de M. P. Durrieu dans le *Bulletin de la Société nationale des Antiquaires de France.*
3. Paul Durrieu. *Un grand enlumineur parisien au XVe siècle. Jacques de Bezançon et son œuvre.* Paris, Champion, 1892, in-8, 104 p., 5 pl. en héliogravure.
4. Paul Durrieu. *Un chef-d'œuvre de la miniature française sous Charles VIII* [Paris], 1894 in-4°, 6 p., 1 pl en phototypie.
5. P. Durrieu *Une peinture historique de Jean Foucquet : Le roi Louis XI tenant un chapitre de l'ordre de Saint-Michel : Gazette archéologique,* XIV, p. 64-81, pl. 14.
6. Du même. *Un quarante-quatrième fragment des Heures de maître Étienne Chevalier retrouvé au Musée du Louvre : Bulletin des Musées,* II, p. 355-364, vign. dans le texte.
7. Eduard Chmelarz. *Eine französische Bilderhandschrift von Boccacio's Theseïde : Jahrbuch der kunsthistor. Sammlungen des allerhöchsten Kaiserhauses,* XIV, p. 318-328, pl. XXVI-XL (héliogravure).
8. Du même. *Le songe du pastourel von Jean du Prier, Bilderhandschrift in der k. k. Hofbibliothek : Ibis.,* XIII. p. 226-266, vignette dans le texte.
9. L. Delisle. *Un feuillet des Heures de Charles frère de Louis XI : Biblioth. de l'École des Chartes,* LV, p. 337-342.

(Bibl. Mazarine, ms. 473). M. Perrault-Dabot [1] a signalé et reproduit un portrait de Charles le Téméraire dans une miniature conservée à la bibliothèque de Montpellier, et qui représente une
Crucifixion.

A M. Robert Guerlin [2] on doit la description des miniatures de deux
bréviaires de la fin du xvᵉ siècle.

Voici un livre bien daté, grâce à des comptes retrouvés par M. l'abbé
Marcel [3] et très judicieusement appliqués par lui à sept manuscrits
de la Bibliothèque nationale : c'est un exemplaire des Postilles de
Nicolas de Lire copié par ordre de Gui Bernard, évêque de Langres,
achevé en 1472 ; l'enlumineur s'appelait Guillaume Hugueniot et
exerçait sa profession à Langres. A l'école française, peut-être même
à l'école parisienne, appartient un livre d'Heures illustré, du xvᵉ
siècle, conservé au collège des Jésuites de Katwyk près Leyde [4].

Pour en finir avec les miniatures françaises du xvᵉ siècle, citons
l'ouvrage de M. H. Varnhagen [5] sur quatre manuscrits conservés
dans des bibliothèques de l'Allemagne. On peut rattacher l'art
flamand à l'art français et mentionner ici les recherches de M. J.
Destrée sur les enlumineurs flamands [6].

Les manuscrits à miniatures de la maison de Savoie ont été étudiés
par M. Mugnier [7].

Au xvᵉ siècle appartiennent les miniatures d'un manuscrit (le nᵒ
24189 du fonds additionnel du Musée Britannique) des voyages de
Jean Mandeville, reproduites à la suite du texte de cet ouvrage donné
d'après un autre manuscrit [8].

1. A. Perrault-Dabot. *Un portrait de Charles le Téméraire, miniature inédite
du XVᵉ siècle : Bulletin archéologique du Comité des travaux histor.*, 1894, p.
432-444, vignette dans le texte.

2. Robert Guerlin. *Deux bréviaires manuscrits conservés au monastère des religieuses clarisses à Amiens.* Paris, Plon, 1894, in-8, 61 p., 1 pl.

3. L'abbé L. Marcel. *La calligraphie et la miniature à Langres à la fin du
XVᵉ siècle. Histoire et description du ms. 11972-11975 du fonds latin de la Bibl.
Nationale.* Paris, Picard, 1892, gr. in-4°, 44 p., avec une héliogravure. (Extr. des
Mémoires de la Soc. histor. et archéolog. de Langres.)

4. Steph. Beissel. *Ein illustrirtes Gebetbuch des XV Jahrhunderts. Mit 2 Abbildungen : Zeitschrift für christliche Kunst*, II, col. 82-87.

5. Hermann Varnhagen. *Ueber die Miniaturen in vier französischen Hand-
schriften des XV und XVI Jahrhunderts auf den Bibliotheken in Erlangen,
Maihingen und Berlin.* (Zwei Horarien ; Fleur des vertus ; Petrarca.) Erlangen,
Fr. Junge, 1894, in-4, 40 p., 24 pl. en phototypie.

6. J. Destrée. *Recherches sur les enlumineurs flamands : Bulletin des commissions
royales d'art et d'archéologie,* XXX, p. 263 ; XXXI, p. 186-231.

7. François Mugnier. *Les manuscrits à miniatures de la maison de Savoie. Le
Bréviaire de Marie de Savoie duchesse de Milan ; les Heures des ducs Louis et
Amédée IX.* Moutiers, Ducloz, 1894, in-8, 127 p., pl.

8. *The buke of John Maundevill being the travels of sir John Mandeville, knight,
1322-1356. A hitherto unpublished english version from the unique copy (Egerton ms. 1982) in the British Museum. Edited together with the french text, notes,*

C'est encore parmi les ouvrages intéressants pour l'histoire de la miniature qu'on rangera le recueil que M. Frimmel [1] a dressé des manuscrits relatifs à l'ancienne bibliothèque de Maximilien Ier. On y trouvera la reproduction d'une ordonnance relative aux fonctions du premier écuyer du duc de Bourgogne (1468-77), du Graduel de l'enlumineur Matthæus (1490-91), avec miniatures de la Légende de saint Adrien pour le roi de France Louis XI (1483), de lettres de Maximilien. Un livre d'Heures de la bibliothèque impériale de Vienne, composé en 1515 pour l'empereur Maximilien Ier, a fait l'objet d'un mémoire de M. E. Chmelarz [2], illustré d'une vignette donnant l'encadrement d'une page et de trois photogravures représentant de superbes peintures. Le manuscrit 2706 de la Bibliothèque de la Cour à Vienne, *Hortulus animæ*, a été fait sur l'ordre de l'archiduchesse Marguerite par Gerhart Horebout, au plus tard entre 1517 et 1528. M. Chmelarz [3] a montré l'analogie de sa décoration avec celle du Bréviaire Grimani [4] à la bibliothèque de Saint-Marc à Venise.

Entre 1477 et 1503 a été composé le livre d'Heures de Bona Sforza, duchesse de Milan, dont M. George F. Warner [5] a reproduit les plus belles miniatures, les unes de l'école milanaise, les autres de l'école flamande. Une importante contribution à l'histoire de la peinture milanaise est la publication que M. Beltrami [6] a faite des miniatures du livre d'Heures Borromée, de la fin du xve siècle. Un manuscrit de 1505, avec des additions postérieures, contenant les statuts des corporations de Cracovie, est orné de peintures représentant des scènes empruntées aux divers métiers [7].

and an introduction by George Fr. Warner. *Illustrated with twenty-eight miniatures reproduced in facsimile from the additional ms. 24189. Printed for the Roxburghe Club.* Westminster, Nichols, 1889, in-fol., xLvi 232 p., 28 pl.

1. Frimmel, *Urkunden, Regesten und artistisches Quellenmaterial aus der Bibliothek der kunsthist. Sammlungen des allerh. Kaiserhauses : Jahrbuch der kunsthistor. Sammlungen des allerhöchsten Kaiserhauses*, V (II), p. I-xxiv.

2. Eduard Chmelarz. *Das ältere Gebetbuch des Kaisers Maximilian I: Ibid.* VII, (I) p. 201-296.

3. E. Chmelarz. *Ein Verwandter des Breviarium Grimani in der k. k. Hofbibliothek: Jahrbuch der kunsthistor. Sammlungen des allerh. Kaiserhauses*, IX, p. 419-445.

4. Sur ce bréviaire voyez: Edg. Baes. *Notes sur le bréviaire Grimani et les manuscrits à miniatures du commencement du xvie siècle: Bullet. des commissions royales d'art et d'archéologie* (de Belgique), XXVIII, p. 135-180.

5. *Miniatures and borders from the book of hours of Bona Sforza, duchess of Milan, in the British Museum. With introduction by* George F. Warner. London, published by the trustees, 1894, in-4, xLiii p., 65 pl. en phototypie.

6. Luca Beltrami. *Il libro d'ore Borromeo alla Biblioteca Ambrosiana miniato da Cristoforo Preda. Secolo XV. XL tavole in eliotipia.* Milano, Hœpli, 1896, in-8, 39 p., 40 pl., chacune accompagnée d'un feuillet de texte. — Cf. Emilio Motta. *Ambrogio Preda e Leonardo da Vinci: Archivio storico Lombardo*, 1893, p. 972-996.

7. *Die alten Zunft- und Verkehrs-Ordnungen der Stadt Krakau. Nach Balthazar*

Dans son étude sur l'iconographie de saint-Dié, M. Save [1] a fait
reproduire trois miniatures d'un Graduel de 1510. MM. Durrieu et
Marquet de Vasselot [2] ont décrit les miniatures des manuscrits des
Héroïdes d'Ovide et spécialement celles d'un volume de la Bibliothèque de Dresde.

Parmi les miniatures du XVIᵉ siècle, on peut citer encore celles qui
ornent un livre des statuts de l'ordre de la Toison d'or, écrit de
1518 à 1565, et qui représentent Philippe le Bon, Charles le Téméraire, Maximilien Ier, Philippe le Beau et Charles-Quint [3]. MM. E.
Picot [4] et F. Mazerolle [5] ont fait connaître l'œuvre de l'enlumineur Guillaume Richardière : l'évangéliaire de l'ordre du Saint-
Esprit qu'avait illustré cet artiste est perdu; mais Clairambault nous
a conservé une copie de la miniature représentant le roi Henri III
recevant les chevaliers de l'ordre, copie qu'a fait reproduire
M. Mazerolle.

Un mémoire de MM. S. Berger et P. Durrieu [6] est de nature à
nous éclairer sur la manière de travailler des enlumineurs du
moyen âge. « Le chef d'atelier ne se bornait pas à donner aux
miniaturistes chargés d'exécuter les images des prescriptions ver-
bales. Pour éviter toute erreur, il prenait soin, fort souvent, de leur
indiquer leur besogne par écrit, au moyen de petites notes mises
sur le feuillet même de parchemin qu'ils devaient illustrer. » On a
relevé et commenté un grand nombre de ces notes que le couteau du
relieur n'a pas fait tomber. M. J. Neuwirth [7] a recueilli dans un
certain nombre de manuscrits des XIVe et XVe siècles les indications

Behem's Codex picturatus in der k. k. Jagellonischen Bibliothek herausgegeben von
Bruno Bucher. Festschrift zum Jubiläum des k. k. oesterreich. Museums für Kunst
und Industrie. Mit 27 Tafeln in Lichtdruck. Wien, Gerold, in-4°, XXXVI-112 p.

1. Gaston Save. Iconographie et légendes rimées de la vie de saint Dié: Bullet.
de la Société philomathique vosgienne, 20° année (1894-95), p. 169-205, 1 pl. en
photograv., 2 pl. en lithographie.

2. Paul Durrieu et J.-J. Marquet de Vasselot, Les manuscrits à miniatures des
Héroïdes d'Ovide par Saint-Gelais et un grand miniaturiste français du XVI° siècle:
L'Artiste, 1894. — Cf. les observations de M. Ch. Ravaisson-Mollien, Bulletin de
la Société nationale des Antiquaires de France, 1894, p. 287-288.

3. Th. Frimmel und J. Klemme. Ein Statutenbuch des Ordens vom goldenen
Vliess: Jahrbuch der kunsthistorischen Sammlungen des allerhöchsten Kaiserhauses, V, p. 263-338, 6 pl.

4. E. Picot. Note sur l'enlumineur parisien Guillaume Richardière et sur son
beau-frère Philippe Danfrie: Bullet. de la Soc. de l'histoire de Paris, 1889, p. 35-42.

5. F. Mazerolle. Documents sur les relieurs, miniaturistes et calligraphes des
ordres royaux de Saint-Michel et du Saint-Esprit. Paris, Techener, 1897, in-8,
121 p.

6. Samuel Berger et Paul Durrieu. Les notes pour l'enlumineur dans les manuscrits du moyen âge : Mémoires de la Soc. des Antiquaires de France, LIII,
p. 1-30.

7. J. Neuwirth. Die Herstellungsphasen spätmittelalterlicher Bilderhandschriften : Repertorium für Kunstwissenschaft, XVI, p. 76-87.

données aux miniaturistes pour la disposition et l'exécution des peintures. M. Couderc [1] a signalé dans le manuscrit 572 des nouv. acq. lat. à la Bibliothèque nationale des notes destinées à indiquer au copiste les espaces blancs à réserver entre les chapitres pour les lettrines rubriquées. Le regretté Lecoy de la Marche [2] a publié un traité sur l'enluminure du xv⁰ siècle qu'il a découvert à Naples ; l'édition qu'en avait donnée M. Salazaro en 1877 était insuffisante. M. E. Molinier [3] a signalé un manuel à l'usage d'un miniaturiste allemand de la fin du xv⁰ siècle.

Le dictionnaire des miniaturistes et copistes par M. Bradley [4], répertoire avec des observations originales, est trop connu pour qu'on y insiste.

L'interrogatoire, par Tristan l'Ermite, d'un enlumineur de Poitiers, soupçonné d'entretenir des intelligences avec Charles, duc de Guyenne, nous fait pénétrer dans la ... privée d'un artiste de médiocre état [5].

W. Wattenbach [6] a donné une troisième édition de l'œuvre depuis longtemps classique dans laquelle il a réuni et commenté tous les textes caractéristiques relatifs a l'art d'écrire au moyen âge, c'est-à-dire aux matières subjectives et aux instruments de l'écriture, à la composition matérielle des livres, à la condition des scribes. Depuis l'édition de 1875, l'auteur ne s'est pas livré à un dépouillement bibliographique complet et systématique ; il n'a cependant rien omis de ce qui était important, et spécialement les recherches de MM. Briquet, Giry, Wiesner et Karabacek lui ont permis de renouveler le chapitre consacré au papier. Le livre de M. Paoli [7] sur les matériaux de l'écriture, malgré son peu d'étendue, est un excellent précis avec de nombreuses observations nouvelles.

1. Camille Couderc. *Instructions données à un copiste du* XV⁰ *siècle : Biblioth. de l'École des Chartes*, LV, p. 232.

2. A. Lecoy de la Marche. *L'art d'enluminer*. Paris, Leroux, 1890, in-16, 128 p. (*Petite bibliothèque d'art et d'archéologie.*)

3. *Bulletin de la Société nationale des Antiquaires de France*, 1893, p. 190.

4. John W. Bradley. *A dictionary of miniaturists, illuminators, calligraphers and copyists, with reference to their works and notices of their patrons, from the establishment of christianity to the eighteenth century, compiled from various sources, many hitherto unedited*. London, Quaritch, 1887-89, 3 vol. in-8, x-365, 372 et 410 p.

5. A. Lecoy de la Marche. *Interrogatoire d'un enlumineur par Tristan l'Ermite : Revue de l'art chrétien*, 1892, p. 396-408.

6. W. Wattenbach. *Das Schriftwesen im Mittelalter*, 3⁰ édit. Leipzig, Hirzel, 1896, in-8, iv-670 p.

7. C. Paoli. *Materie scrittorie e librarie*. Firenze, Sansoni, 1894, in-8, 152 p. (*Programma scolastico di paleografia latina e di diplomatica*. II). — Traduit en allemand par K. Lohmeyer : *Grundriss zu Vorlesungen über lateinische Palæographie und Urkundenlehre. II. Schrift- und Bücherwesen aus dem Ital. übers. von* K. Lohmeyer. Innsbruck, Wagner, 1895, v-207 p.

L'usage des tablettes de cire a passé de l'antiquité au moyen âge. On s'en servait soit pour écrire des brouillons d'œuvres littéraires, qu'on reportait ensuite sur parchemin [1], soit pour écrire des comptes [2]. Citons pour mémoire le travail de M. Kenny Hughes sur des tablettes de cire prétendument trouvées à Cambridge [3]. Exceptionnellement on s'est servi de l'ardoise pour tracer des notes [4].

La question du prétendu papier de coton est maintenant bien élucidée. Nous n'y insisterons pas. Cependant MM. Briquet [5] et Karabacek [6] ont continué leurs études sur les plus anciens papiers. On doit à M. C. Paoli [7] un excellent résumé des derniers travaux sur la matière.

Mais les matières subjectives les plus employées ont été le papyrus, le parchemin et le papier. Quant à la légende du papier d'écorce, elle a fait son temps [8]. Le chanoine Carini [9] a consacré un petit volume au papyrus; on trouvera aussi quelques renseignements dans ses *Mélanges paléographiques* [10]. C'est sur des rôles de papyrus, comme l'a démontré M. Krüger [11], que les écrits des juristes romains furent

1. S. G. de Vries. *Het Gebruik van wastafeltjes in de Nederlanden : Oud-Holland*, XII, p. 1-6.

2. H. Omont. *Sur des tablettes de cire du Musée britannique : Bullet. de la Soc. nat. des Antiquaires de France*, 1889.

3. T. M^s Kenny Hughes. *On some waxed tablets said to have been found at Cambridge : Archeologia*, LV, p. 257-282.

4. Prou. *Fragment d'ardoise du moyen âge trouvé à Foigny : Biblioth. de l'École des Chartes*, LI, p. 268-269, 1 pl. en phototypie. — Paul Sheridan. *Les inscriptions sur ardoise de l'abbaye de Villers.* Bruxelles, 1896, in-8, 64 p., 4 pl. en phototypie. Extrait des *Annales de la Soc. d'archéologie de Bruxelles*, t. X. — L. Delisle. *Rapport sur les ardoises de Chenoise adressées au Comité par M. l'abbé Bonno : Bulletin histor. et philolog. du Comité des travaux histor.*, 1894, p. 543-544, pl. en phototypie (Procès-verbaux de 1892 constatant la pose de bornes.)

5. C.-M. Briquet. *Le papier arabe du moyen âge et sa fabrication.* Berne, 1888. — Du même. *Lettres à M. le chevalier I. Giorgi... sur les papiers usités en Sicile, à l'occasion de deux manuscrits en papier dit de coton.* Palermo, tip. dello Stalulo, 1892, in-8, 16 p., 11 pl. (Extr. de l'*Archivio storico siciliano*, n. s., XVII.)

6. J. Karabacek. *Neue Quellen zur Papiergeschichte : Mittheilungen aus der Sammlung der Papyrus Erzherzog Rainer*, IV, p. 75-122, pl. III.

7. C. Paoli. *La storia della carta secondo gli ultimi studi : Nuova Antologia*, ser. 3, XVIII, p. 297-313.

8. J. Wiesner. *Studien über angebliche Baumbastpapiere : Sitzungsberichte der Akademie der Wissenschaften, Philol.-histor. Classe* (Wien), CXXVI, p. 1-42.

9. Can. Isidoro Carini. *Il papiro, appunti per la nuova scuola vaticana.* Roma, tip. vaticana, 1888, in-8, 28 p. — Sur le papyrus, voy. plus haut.

10. Can. Isidoro Carini. *Miscellanee paleografiche ed archeologiche.* Siena, tip. arciv. S. Bernardino, 1888, in-12, 145 p. (Parmi les chapitres de ce livre, signalons : Il gran papiro egizio Vaticano; i Frammenti palinsesti di Strabone; frammenti vaticani di antichissimo evangeliario; il codice Amiatino della Bibbia.)

11. P. Krüger. *Ueber die Verwendung von Papyrus und Pergament für die juristische Literatur der Römer : Zeitschrift der Savigny-Stiftung*, VIII, p. 76-85.

consignés jusqu'au iiiᵉ siècle ; à partir de ce temps, on employa le parchemin. Les premiers ouvrages de droit publiés sous forme de *codices* de parchemin furent des recueils de constitutions ; le plus ancien est le *Codex gregorianus*, composé sous Dioclétien. M. Karl. Dziatzko [1], reprenant une question traitée par M. Gregory dans le *Literarisches Centralblatt* en 1880, a consacré une note à la disposition des feuilles de parchemin dans les manuscrits.

L'utilité des filigranes du papier pour déterminer l'âge et la provenance des documents non datés est chose connue : M. Briquet [2] y a insisté. Plusieurs recueils de filigranes ont paru, parmi lesquels l'un des plus importants est dû à ce savant même [3] ; il a décrit et dessiné environ six cents types tirés des archives de Gênes ; il y a ajouté des renseignements sur la fabrication et le commerce du papier en Ligurie, et une bibliographie des ouvrages contenant des reproductions de filigranes. Des recueils analogues ont été fournis par MM. Barone [4], Boudon [5], Mugnier [6], J.-M. Richard [7], Kirchner [8], Piekosinski [9].

1. Karl Dziatzko. *Bibliographische Miscellen : Centralblatt für Bibliothekswesen*, IX, p. 342-343.

2. C. M. Briquet. *De l'utilité des filigranes du papier et de leur signification, à propos d'un récent procès.* Berne, 1888, in-12, 14 p. (Extr. de l'*Union de la papeterie*.) — Du même. *De la valeur des filigranes du papier comme moyen de déterminer l'âge et la provenance de documents non datés.* Genève, impr. Romet, 1892, in-8, 13 p. (Extr. du *Bullet. de la Soc. d'hist. et d'archéologie de Genève*, I.)

3. Du même. *Papiers et filigranes des archives de Gênes, 1154 à 1700. Avec 593 dessins autographiés.* Genève, H. Georg, 1888, gr. in-8, 130 p., 76 pl. (Extr. des *Atti della Società ligure di storia patria*, XIX.)

4. Nic. Barone. *Le filigrane delle antiche cartiere nei documenti dell' archivio di Stato in Napoli dal 13 al 15 secolo : Archivio storico per le provincie napoletane*, XIV, p. 69-96, planches.

5. Boudon. *Notes sur quelques filigranes de papiers des XIVᵉ et XVᵉ siècles et de la première moitié du XVIᵉ : Mémoires de la Soc. des Antiquaires de Picardie*, 3ᵉ sér., X. p. 461-478, 11 pl.

6. François Mugnier. *Les filigranes des papiers en Savoie au XIVᵉ et au XVᵉ siècle : Mémoires et documents publ. par la Soc. savoisienne d'histoire*. XXVII, p. 210-245 (à la suite des « Lettres des princes de la maison de Savoie à la ville de Chambéry »).

7. Jules-Marie Richard. *Filigranes de papiers de la première moitié du XIVᵉ siècle conservés au Trésor des chartes d'Artois, à Arras : Bulletin archéolog. du Comité des travaux historiques*, 1888, p. 68-86 ; précédé d'un rapport de M. de Montaiglon, *Ibid.*, p. 66-67.

8. Ernst Kirchner. *Die Papiere des XIV Jahrhunderts im Stadtarchive zu Frankfurt-am-Main und deren Wasserzeichen, technisch untersucht und beschrieben. Mit 153 Abbildungen von Wasserzeichen. Hrsg. aus dem Mitteln d. J. Fr. Böhmer'sche Nachlasses.* Frankfurt-a-M., Jügel, 1893, in-8, 35 p. de texte, 31 p. de figures.

9. Fr. Piekosinski. *Sredniowieczne znaki wodne, zebrane z rekopisow, przechowanych w archiwach i bibliotekach polskich głownie krakowskich, w. XIV.* wyd. 2gie. Krakow, nakl. Akadémii umiej., spolka wydawnicza, 1893, in-4, 34 p., 77 pl. (Les filigranes du moyen âge d'après les mss. des archives et bibliothèques polonaises, spécialement de Cracovie.)

MM. Kirchner [1], Marabini [2] et Likhatchev [3] ont publié des recherches sur l'histoire des fabriques de papier à Chemnitz, à Nüremberg et dans l'empire moscovite.

Nous ne pouvons dresser ici la liste des publications relatives aux couvertures de manuscrits, car c'est là une étude qui est du domaine de l'archéologie plus que de celui de la paléographie. La collection de fac-similés de reliures publiée par Quaritch [4] ne contient qu'un monument du moyen âge. Le travail de M. J. Weale [5] n'est qu'une esquisse. M. Essenwein [6] a dressé le catalogue des reliures du Musée de Nüremberg.

La publication et le commerce des livres dans l'antiquité font l'objet de deux livres du chanoine Carini [7]. Dans le cartulaire de l'Université de Paris, M. Delalain [8] a puisé les éléments d'un tableau de la librairie parisienne. Le Dr Spirgatis [9] a publié une liste du personnel de l'Université de Paris en 1464, dans laquelle on relève les noms de parcheminiers, de libraires et le nom d'un enlumineur. Un document des archives d'Erfurt [10] a livré des détails intéressants sur la transcription et la vente des livres à Cologne et à Erfurt à la fin du XIVᵉ siècle. Parmi les témoins de la paix de Bologne du 1ᵉʳ juin 1219 figurent plusieurs *scriptores*, un *abrasor cartularum*, un *punctorius*, un *cinabriator* et un *venditor librorum* [11].

1. E. Kirchner. *Die Papierfabrication in Chemnitz: Mittheilungen des Vereins für Chemnitzer Geschichte* (Festschrift), 1893, p. 79-80.

2 Edm. Marabini. *Die Papiermühlen im Gebiet der weiland freien Reichsstadt Nürnberg.* Nürnberg, 1894, in-8, 147 p., 6 pl., 1 carte.

3. N. P. Likhatchev. *Bumaga i drevnieichia bumajnyia melnitsy v moskovskom gossoudarstvié.* Saint-Pétersbourg, typ. de l'Académie, 1891, gr. in-8, 166 p., 116 pl. (*Le papier et les anciens moulins à papier dans l'empire moscovite. Esquisse historico-archéographique*).

4. *Quaritch's illustrations. I. A collection of facsimiles from examples of historic or artistic book-binding illustrating...* London, B. Quaritch, 1889, in-4º, 36 p., 103 pl. en couleur.

5. W. H. James Weale. *La reliure au moyen âge : Revue de l'art chrétien,* 1890, p. 194-190.

6. A. von Essenwein. *Katalog der im Germanischen Museum vorhandenen interessanten Buchcinbände und Teile von solchen. Mit Abbildungen,* Nürnberg, Verlag des german. Museums, 1889. in-4º, 102 p., 5 pl.

7. Is. Carini. *La pubblicazione de'libri nella antichità romana. Le recite.* Roma, tip. Vaticana, 1888, in 8º, 30 p. — *Il commercio librario,* 1889, in-8º, 39 p.

8. P. Delalain. *Étude sur le libraire parisien du XIIIᵉ au XVᵉ siècle d'après les documents publiés dans le cartulaire de l'Université de Paris.* Paris, Delalain, 1891, in-8, XLII-77 p.

9. Dr Max Spirgatis. *Beihefte zum Centralblatt für Bibliothekswesen. I. Personalverzeichnis der pariser Universität von 1464 und die darin aufgeführten Handschriften und Pergamenthändler. Mit einer Facsimiletafel.* Leipzig, Harrassowitz, 1888, in 8, 32 p., 1 pl.

10. Th. Ilgen *Zum Buchhandel im Mittelalter: Centralblatt für Bibliothekswesen,* IX, p. 262-264.

11. Lodovico Zdekauer. *Libri legali a Padova nella prima metà del secolo XIII : Studii senesi,* VII, fasc. 1, 10 p.

II [1].

Les historiens ont de tout temps puisé des renseignements dans les actes publics et privés, en d'autres termes dans les documents diplomatiques. Mais c'est de nos jours seulement, et spécialement sous l'influence de l'École des Chartes, qu'on a compris toute la valeur des actes comme sources historiques. Les chartes ont fourni aux érudits du xix° siècle de quoi renouveler l'histoire du droit. Elles ont livré aux philologues de précieux jalons leur permettant de rétablir dans leur pureté primitive les textes littéraires, de marquer les limites des divers dialectes, de retrouver les véritables étymologies des noms de lieux et par là même de plonger au plus profond de notre passé historique. Personne ne songerait à contester la variété ni la valeur des renseignements que les historiens peuvent tirer des actes. Il ne suffit pas de connaître l'existence de ces sortes de documents; encore faut-il savoir les trouver, et quand on les a découverts, les critiquer et les utiliser. Les règles de cette critique ont été magistralement exposées par M. A. Giry dans son *Manuel de diplomatique* [2], livre dont on peut dire, sans banalité, qu'il était attendu. Car le dernier ouvrage d'ensemble sur la diplomatique était celui de Natalis de Wailly, paru en 1838. Or c'est précisément depuis cette époque que l'étude et la publication des chartes ont pris un nouvel essor. De nombreuses dissertations sur des points particuliers de la diplomatique ont été publiées en France et en Allemagne, complétant et rectifiant les règles posées par Mabillon et les Bénédictins. Il était nécessaire de coordonner les résultats acquis et d'exposer l'état des connaissances acquises. C'est ce qu'a fait M. Giry ; mais il a fait plus. S'il est des questions qui ont été à plusieurs reprises l'objet d'études approfondies, il en est d'autres que personne n'a examinées. Comme il arrive quand une science ne donne lieu qu'à des monographies, une dissertation en appelant une autre, il se produit sur un même sujet une foule de mémoires, tandis que tel autre problème qui serait peut-être plus important reste inabordé. M. Giry, et ce n'est pas là une des moindres qualités de son livre, a su mettre chaque chose en sa place; il a mesuré à chaque question son développement, non en raison du nombre de dissertations qu'elle a provoquées, mais en rai-

1. Richard Rosenmund. *Die Fortschritte der Diplomatik seit Mabillon vornehmlich in Deutschland-Œsterreich.* München und Leipzig, Oldenbourg, 1897, in-8, 125 p. (*Historische Bibliothek herausgegeben von der Redaktion der historischer Zeitschrift.*)
2. A. Giry. *Manuel de diplomatique.* Paris, Hachette, 1894, in-8, vii-944 p.

son de son importance propre et relative. Les problèmes dont personne n'avait cherché la solution, il les a le premier examinés, parce qu'il importait que dans un traité général tous les problèmes fussent indiqués, sinon résolus. Le livre de M. Giry n'est pas une compilation ; il est le fruit de recherches minutieuses, variées, longuement poursuivies dans les archives de la France et même de l'étranger. Une autre qualité du *Manuel,* c'est d'être un ouvrage tout aussi pratique que théorique. Le premier livre est consacré à la définition des principaux termes employés pour désigner les documents, aux procédés de recherche, à la bibliographie du sujet et à l'histoire de la diplomatique. Dans la seconde partie, l'auteur expose la théorie des ères et des périodes, le maniement des calendriers ; une table chronologique donne la correspondance des années de l'ère chrétienne avec les autres notations chronologiques ; puis viennent un calendrier perpétuel, un glossaire des dates et une liste des saints. Dans le livre III sont étudiés les éléments de la teneur des chartes qui en permettent la critique : les titres et qualités, les noms de personnes et de lieux, les mesures, poids et monnaies, la langue. Le livre IV traite des matières qui sont l'essence même de la diplomatique : formulaires, caractères extérieurs des chartes, formules du protocole initial et final, texte, signes de validation. Une série d'études particulières s'applique aux actes émanés des diverses chancelleries européennes. En résumé, le *Manuel* est tout à la fois un livre d'érudition et d'enseignement.

Le manuel de M. Harry Bresslau [1], moins compréhensif, a cependant une importance considérable et doit être lu de tous les historiens qui prétendent à faire usage des documents diplomatiques. Les seuls actes émanés des chancelleries de l'Allemagne et de l'Italie jusqu'à la fin du xvᵉ siècle y sont étudiés ; mais à leur occasion le savant professeur a posé des principes généraux ; comme M. Giry, il a fait précéder son volume de l'histoire de la diplomatique. En outre, l'on ne devra pas oublier que la diplomatique mérovingienne rentre dans le cadre de l'ouvrage. Après avoir étudié les diverses formes sous lesquelles les actes se présentent, originaux, copies, registres, etc., M. Bresslau a retracé l'organisation des chancelleries des rois francs et lombards, des rois de Germanie, des empereurs et des papes. Un chapitre est spécialement consacré aux notaires. L'auteur a recherché quelle était la valeur juridique des actes ; il a étudié la langue, les formulaires, retracé les diverses étapes de l'expédition des actes ; il s'est arrêté aux témoins, à la date, aux

1. Harry Bresslau. *Handbuch der Urkundenlehre für Deutschland und Italien. Erster Band.* Leipzig, Veit, 1889, xxiv-992 p.

matières subjectives, à l'écriture et aux sceaux. Telles sont les matières du premier volume, le seul paru.

Du Manuel élémentaire de diplomatique du Dʳ Leist [1] la seconde édition a paru en 1894.

Dans ses *Instructions*, M. L. Delisle [2] a montré l'application des règles de la diplomatique ; choisissant un certain nombre de documents d'archives, il a montré comment il convenait de les critiquer, de les analyser et de les annoter et d'en tirer parti pour l'histoire générale. Nous y trouvons (nᵒ 25, p. 53-59) la démonstration de la fausseté d'un diplôme mis sous le nom de Frédéric II ; le nᵒ 34, p. 70-72, est une charte de Jean de Nesle, comte de Soissons, de 1203, relative à son changement de sceau ; le nᵒ 45 se réfère à la chronologie ; d'une note en tête d'un bréviaire de 1417, il résulte que dans le Forez l'année commençait au 25 mars.

Il suffit de mentionner le titre du mémoire de M. Bormans [3] sur les diverses espèces de faux fabriqués au moyen âge.

« L'étude des documents diplomatiques, écrit M. Giry [4], donne lieu sans cesse à des vérifications de dates et à des recherches chronologiques qui exigent la connaissance des systèmes employés depuis le commencement du moyen âge dans les divers pays de l'occident de l'Europe, pour déterminer le temps. » M. F. Rühl a publié un traité de chronologie du moyen âge, dans lequel il a étudié les divers calendriers et modes de dater employés dans les documents [5]. Mais cet ouvrage est plus technique que pratique ; à ce dernier point de vue, les diplomatistes recourront surtout au livre de Grotefend, dont le premier volume contient un glossaire latin et germanique des dates, appuyé d'exemples nombreux (et caractéristiques, et suivi des tableaux des divers cycles et d'un calendrier perpétuel ; le premier fascicule du second volume est consacré aux calendriers des diocèses d'Allemagne, de Suisse et de Scandinavie rangés alphabétiquement ; quelques diocèses de l'ancienne Gaule y sont compris, Metz, Toul, Verdun, Strasbourg [6]. M. de Mas-

---

1. Dʳ Friedrich Leist. *Urkundenlehre. Katechismus der Diplomatik, Paläographie. Chronologie und Sphragistik.* 2ᵉ *Auflage.* Leipzig, Weber, 1894, in-8, xii-372 p.
2. *Instructions adressées par le Comité des travaux historiques et scientifiques aux correspondants du Ministère... Littérature latine et histoire du moyen âge* par L. Delisle. Paris, Leroux, 1890, in-8, 116 p., 1 pl. en héliogravure.
3. S. Bormans. *Les fausses chartes et la diplomatique : Bulletins de l'Académie royale de Belgique,* 3ᵉ sér., XV, p. 833-859.
4. *Manuel de diplomatique,* p. 79.
5. Franz Rühl. *Chronologie des Mittelalters und der Neuzeit.* Berlin, Reuther und Reichard, 1897, in-8, viii-312 p.
6 H. Grotefend. *Zeitrechnung des deutschen Mittelalters und der Neuzeit.* I. *Glossar und Tafeln.* Hannover, Hahn, 1891, in-4, vi-148 p. ; II. 1. *Kalender der Diöcesen Deutschlands, der Schweiz und Skandinavien,* 1892, iv-249 p.

Latrie[1], dans son *Trésor de chronologie*, n'a guère fait que reproduire *l'Art de vérifier les dates*. Enfin l'on peut citer le calendrier perpétuel dressé par Tosatti[2].

La datation par les consulats a fait l'objet d'une étude de M. Th. Mommsen[3], qui a également recherché quel était le point de départ adopté dans la chancellerie des empereurs romains pour compter les années de leur règne[4] ; la première année d'un principat ne commençait qu'avec l'année civile postérieure à l'avènement. Le même savant a déterminé le sens du mot *æra* et recherché l'origine de l'ère d'Espagne[5]. La question si controversée du point de départ des indictions a été examinée par MM. Rühl[6] et Otto Seeck[7]. Les computistes ne sont pas davantage d'accord sur le jour de l'ancien calendrier romain auquel correspondent les calendes de janvier de la première année julienne[8].

On sait que le commencement de l'année variait au moyen âge de pays à pays. A Clermont et à Montferrand, du XIVᵉ siècle jusqu'à l'édit de Charles IX, le style de l'Annonciation fut en usage[9]. Dans les recueils d'anciens statuts du diocèse de Limoges, M. L. Guibert[10] a relevé une ordonnance de Pierre Faure, chancelier de la cour de Limoges, de l'an 1300, prescrivant, à partir de l'année suivante, la substitution du style du 25 mars à celui de Pâques. Citons une étude de MM. Wolfram et Germain[11] sur le commencement de

1. L. de Mas-Latrie. *Tresor de chronologie, d'histoire et de géographie pour l'étude et l'emploi des documents du moyen âge.* Paris, 1889, in-fol., 2300 p.

2. *Il calendario perpetuo accomodato all'intelligenza di tutti... opera del sacerdote* Pellegrino Tosatti. Seconda edizione... con appendice contenente la cronologia dei romani pontefici e dei vescovi di Modena e l'elenco alfabetico dei santi del martirologio romano. Modena, tipogr. dell' Imm. Concezione, 1887-88, in-8, 342 p.

3. Th. Mommsen. *Ostgothische Studien. Die Consulardatirung des getheilten Reiches* : Neues Archiv, XIV, p. 225-249.

4. Du même. *Das römisch-germanische Herrscherjahr* : Neues Archiv, XVI, p. 49-65.

5. Du même. *Æra* : Neues Archiv, XVIII, p. 271-273.

6. Franz Rühl. *Die Constantinischen Indictionen* : Neue Jahrbücher für Philologie und Pædagogik, CXXXVII, p. 789-792.

7. O. Seeck. *Die Entstehung des Indiktionencyclus* : Deutsche Zeitschrift für Geschichtswissenschaft, XII, p. 279-296.

8. H. Matzat. *Der Anfangstag des Julianischen Kalenders* : Hermes, XXIII, p. 48-69.

9. E. Teilhard de Chardin. *Du commencement de l'année à Clermont et Montferrand* : Bibl. de l'École des Chartes, LIII, p. 273-279.

10. Louis Guibert. *Anciens statuts du diocèse de Limoges (XIIIᵉ, XIVᵉ et XVᵉ siècles)* : Bullet. histor. et philolog. du Comité des travaux historiques, 1888, p. 263-272.

11. Dʳ Wolfram et Germain. *Sur le commencement de l'année dans la chancellerie des ducs de Lorraine* : Journal de la Société d'archéologie de Lorraine, 1894, p. 248-253.

l'année dans la chancellerie des ducs de Lorraine, et une note de l'*Intermédiaire des Chercheurs*[1].

En Hollande, l'on a employé les styles de Pâques et de Noël. MM. J. de Fremery[2] et R. Fruin[3] ont fait connaître les résultats auxquels les a conduits l'étude des documents de quelques chancelleries seigneuriales à ce point de vue. Nous ne quitterons pas les Pays-Bas sans signaler une étude de M. Joosting[4] sur la valeur de l'expression *altera die post*, et une note de M. Fruin sur la date d'une fête locale[5]. C'est encore au calendrier basé sur les fêtes religieuses que se rapporte une étude de M. O. Redlich[6].

Les travaux du concile de Latran relatifs à la réforme du calendrier julien ont fait l'objet d'une note de M. K. Uhlirz[7]. Le même savant[8] a établi que le calendrier grégorien fut adopté à Vienne en janvier 1584.

Bien qu'elle n'ait que peu d'importance au point de vue diplomatique, l'histoire du calendrier par M. W. Uhl[9], dans laquelle sont étudiées les dispositions et formes qu'ont affectées les calendriers et sont relevés les vers mémotechniques et les proverbes populaires auxquels ont donné lieu les mois, les saisons et les fêtes en Allemagne, ne saurait être passée sous silence. Ce livre est comme l'introduction à la publication des calendriers anciens. M. H. Omont[10] a publié un nouveau calendrier romain tiré des Fastes d'Ovide et transcrit dans un manuscrit italien de la seconde moitié du xve siècle. On doit à M. Traube[11] une étude sur le *Computus Helperici*. M. A. Lechuer[12] a formé un recueil de martyrologes et calendriers

1. *Du commencement de l'année dans le sud-ouest de la France avant l'adoption du calendrier grégorien* : Intermédiaire des Chercheurs, XXXII, col. 442.

2. James de Fremery. *De jaarslagstijl, de jaarstijl der heeren van Naaldwijk, der heeren van Voorne tot 1374, en de gemeene stijl van Holland* : *Bijdragen voor Vaderlandsche geschiedenis*, 3e s., IX, p. 105-152.

3. R. Fruin, *De jaarstijl der heeren van Montfoort* : Ibid., 3e s., VIII, p. 319-321.

4. J. G. Ch. Joosting. *Desanderen Dages-altera die* : Ibid., 3e ser., IX, p. 264-274.

5. R. Fruin. *S. Margriet = 13 Juli* : Ibid., 3e s., IX, p. 274-275.

6. O. Redlich. *Kleine Beiträge zur Chronologie. I. Bezeichnung der Tage nach Oster- und Pfingstsonntag mit den Heiligenfesten nach Weihnachten* : *Mittheilungen des Instituts für österr. Geschichtsforschung*, IX, p. 663-667.

7. K. Uhlirz. *Zur Kalenderreform auf dem Lateranischen Concil 1516* : Ibid., XIII, p. 329-330.

8. Du même. *Die Einführung des Gregorianischen Kalenders in Wien* : Ibid., XII, p. 639-646.

9. Wilhelm Uhl. *Unser Kalender in seiner Entwickelung von den ältesten Anfängen bis heute Ein Kapitel der deutschen Hausaltertümer*. Paderborn. Schöningh, 1893, in-16, 165 p.

10. H. Omont. *Un nouveau calendrier romain tiré des fastes d'Ovide* : Bibl. de l'École des Chartes, LVIII, p. 15-25.

11. Ludw. Traube. *Computus Helperici* : Neues Archiv, XVIII, p. 71-105.

12. Anton Lechner. *Mittelalterliche Kirchenfeste und Kalendarien in Bayern*. Freiburg-in-B., Herder, 1891, in-8, 287 p.

du x⁰ au xv⁰ siècle, de la Bavière, spécialement des diocèses de Freising, Salzburg, Passau, Ratisbonne et Augsburg, et qui est, par la disposition typographique, l'emploi des caractères de différents corps et d'encres de couleur, un modèle pour les éditeurs de ce genre de documents.

La diplomatique des empereurs romains n'a donné lieu qu'à un nombre restreint de travaux. M. Karlowa [1] a disserté sur la forme épistolaire donnée aux décrets impériaux. Un mémoire de M. Zachariä von Lingenthal [2] contient des observations sur les souscriptions *legi*, *legatur*, sur la date des actes des notaires, etc. M. Memelsdorff [3] a étudié l'enregistrement des actes impériaux. A la publication d'un décret de Gordien conservé par une inscription, M. Th. Mommsen [4] a joint des recherches sur la forme et la publication des actes impériaux. MM. Wessely [5] et Wilcken [6] ont étudié un papyrus du musée de Leyde, contenant à la fois une pétition aux empereurs Théodose et Valentinien et la réponse des empereurs. On doit à M. Ch. Diehl [7] la publication d'une charte lapidaire du vi⁰ siècle. M. H. Omont [8] a publié à nouveau la lettre impériale conservée aux Archives nationales sous la cote K. 17, n° 6, et cherché à déterminer sa date ; c'est une lettre adressée par un empereur de Constantinople à un roi franc, et très probablement par Michel II à Louis le Débonnaire. M. H. Omont a ajouté à son mémoire une liste des diplômes carolingiens portant la souscription *legimus* en cinabre. Dans son mémoire sur le Chartophylax, M. l'abbé E. Beurlier [9], en déterminant les fonctions de ce dignitaire ecclésiastique, a touché à l'organisation des archives impériales de Constantinople.

1. O. Karlowa. *Ueber die in Briefform ergangene Erlasse römischer Kaiser :* *Neue Heidelberger Jahrbücher*, VI (2), p. 211-221.
2. E. Zachariä von Lingenthal. *Aus und zu den Quellen des römischen Rechts :* *Zeitschrift der Savigny-Stiftung für Rechtsgesch-Romanistische Abt.* X, p. 293-295; XII, p. 84-97.
3. M. Memelsdorff. *De archivis imperatorum romanorum, qualia fuerint usque ad Diocletiani ætatem.* Dissert. Halle, 1890, 58 p.
4. Th. Mommsen. *Gordians Dekret von Skaptoparene : Zeitschrift für Rechtsgesch. Romanistische Abt.* XII, p. 211.
5. K. Wessely. *Ein bilingues Majestätsbesuch aus dem Jahre 3912 nach Chr.* Wien, 1888, 12 p.
6. U. Wilcken. Compte rendu de l'ouvrage précédent : *Berliner Philologische Wochenschr.*, 1888, col. 1205-1208.
7. Charles Diehl. *Une charte lapidaire du VI⁰ siècle : Comptes rendus de l'Acad. des Inscriptions*, 4⁰ sér., XXII, p. 383-393, 2 pl. en phototypie.
8. H. Omont. *Lettre grecque sur papyrus émanée de la chancellerie impériale de Constantinople et conservée aux Archives nationales : Revue archéologique*, 3⁰ sér., XIX (1892), p. 384-393, pl. XII et XIII en phototypie.
9. E. Beurlier. *Le chartophylax de la grande église de Constantinople.* Bruxelles, Polleunis et Ceuterick, 1896, in-8, 17 p. (Extr. du *Compte rendu du troisième congrès scientifique international des catholiques*, Bruxelles, 1894.)

A la diplomatique impériale se rattache celle des rois goths.
M. Mommsen [1] a consacré des études du plus haut intérêt à l'administration du royaume gothique, et spécialement à l'organisation de la chancellerie.

L'on peut également rattacher à la diplomatique byzantine une note de M. H Omont [2] sur le testament du protospathaire Eustathe, qui vivait au milieu du XIe siècle.

« Il y a dans l'histoire littéraire du moyen âge, dit M. Auvray, tout un genre d'ouvrages qui, laissés dans l'oubli pendant des siècles, ont attiré depuis quelque temps l'attention des érudits et ont fait, assez récemment, l'objet d'importants travaux. Ce sont les formulaires. Bien arides au premier abord, ces compositions, lorsqu'on sait en tirer ce qu'elles contiennent, abondent en indications précieuses pour l'histoire de la rhétorique et pour la diplomatique du moyen âge. On trouve aussi, assez souvent, dans l'*epistolarium* qui fait suite aux préceptes théoriques d'un grand nombre de ces traités, des documents que l'on irait plutôt chercher dans les cartulaires, insérés là à titre d'exemples, et nullement en vue des renseignements historiques qu'ils peuvent fournir [3]. »

Nous ne signalerons dans ce paragraphe que les études s'appliquant à plusieurs formulaires ou à des formulaires d'un caractère général, rejetant aux diverses chancelleries les monographies des formulaires speciaux à une chancellerie.

M. Ch. V. Langlois [4] a publié toute une série d'études sur des formulaires du XIIe au XIVe siècle : le manuscrit latin 4763, formulaire dont la composition remonte à la fin du règne de Philippe le Long ; le manuscrit n° 8 de la Bibliothèque de Soissons, contenant, outre la *Summa magistri Radulfi Vindocinensis*, un formulaire rédigé par un moine de Prémontré ; deux formulaires orléanais, l'un dont la copie est conservée dans la collection Baluze (vol. 279), l'autre qu'on trouve dans le manuscrit latin 1468 de la Bibliothèque de Rouen ; des formulaires anglais ; le traité épistolaire de Geoffroy l'Anglais, dédié à Alfonse, roi de Castille ; enfin les plus anciens formulaires de la chancellerie royale de France.

---

1. Th. Mommsen. *Ostgotische Studien : Neues Archiv*, XIV, p. 451-544 ; *Nachträge zu den ostgotischen Studien : Ibid*, XV, p. 181-186.
2. *Bulletin de la Société nat. des Antiquaires de France*, 1890, p. 100-101.
3. L. Auvray. *Documents orléanais du XIIe et du XIIIe siècle. Extraits du formulaire de Bernard de Meung*. Orléans, Herluison, 1892, in-8, 23 p. (Extrait des *Mémoires de la Soc. archéolog. et histor. de l'Orléanais*.)
4. Ch.-V. Langlois. *Formulaires de lettres du XIIe, du XIIIe et du XIVe siècle*. Paris, Klincksieck, 1890-1897, 6 vol. in-4°, 32, 18, 18,15, 30, 38 pp. (Tirés des *Notices et extraits des manuscrits*, XXXIV et XXXV.) Au 6e article sont annexées deux planches en phototypie reproduisant la table du registre LII du Trésor des Chartes et celle d'un autre registre du même Trésor aujourd'hui conservé à Saint-Pétersbourg.

M. Auvray a fait connaître un exemplaire de la *Summa* de Bernard de Meung, conservé à la Bibliothèque d'Agen [1] ; un autre exemplaire se trouve dans le manuscrit add. 18382 du Musée Britannique [2]. M. Ch.-V. Langlois [3] a identifié Bernard de Meung avec maître Bernard, ou Bernard d'Orléans, et l'a distingué de Bernard Silvester, opinion combattue par Hauréau [4]. Les notices et extraits des manuscrits latins de la Bibliothèque nationale par Hauréau [5] contiennent des études sur l'*Ars dictaminis* de Guido Faba, l'*Ars dictandi* de Ludolf de Hildesheim, et des extraits des traités de Bernard de Meung. A l'école orléanaise se rattache un formulaire remanié en Allemagne et analysé par M. Cartellieri [6] ; mais parmi les modèles de style épistolaire qu'il contient, il n'y a qu'un très petit nombre de lettres de chancellerie ; ce sont surtout des exercices littéraires. Sur la même école orléanaise on consultera des mémoires de MM. Cuissard [7], Delisle [8].

M. Simonsfeld [9] a signalé toute une série de formulaires dans les manuscrits de Münich ; et M. Loserth [10] la *Summa artis notariæ* de Jean de Bologne et la *Summa magistri Laurencii de Sumelone*, et d'autres œuvres analogues dans des manuscrits de la Bibliothèque de l'Université de Graz. Des extraits d'un formulaire de Jean Gentzinger, du xvᵉ siècle, ont été donnés par le Dʳ L. von Rockinger [11] en appendice à un mémoire intitulé *Zur Bedeutung von Anklängen an römisches Recht in bayerischen Urkunden des 15. Jahrhunderts*.

1. Voyez note 3 le titre de ce mémoire.
2. K. Hampe. *Reise nach England. III. Formelbücher und Briefsteller in englischen Handschriften: Neues Archiv,* XXII, p. 609-628.
3. Ch.-V. Langlois. *Questions d'histoire littéraire. Maître Bernard: Biblioth. de l'École des Chartes,* LIV, p. 225-250, p. 795.
4. B. Hauréau. *Maître Bernard: Ibid.,* p. 792-793 Sur les différents *dictatores* du nom de Bernard, voy. l'abbé A. Clerval. *Les écoles de Chartres au moyen âge* (Paris, Picard, 1895, in-8), p. 158 et suiv.
5. B. Hauréau. *Notices et extraits de quelques manuscrits latins de la Bibliothèque nationale.* Paris, C. Klincksieck 1890-91, in-8, t. I, p. 391-398 ; II, p. 27-29, p. 356.
6. Ein Donaueschinger *Brief steller. Lateinische Stilübungen des XII Jahrhunderts aus der Orléans' schen Schule herausgegeben und erläutert von* Alexander Cartellieri. *Mit einer Handschriftenprobe.* Innsbruck, Wagner, 1898, in-8, xxii-75 p.
7. Ch. Cuissard. *Les professeurs orléanais Foulque, Arnoul et Hugues le Primat : Bullet. de la Soc. archéolog. et histor. de l'Orléanais,* X, p. 416-433.
8. L. Delisle. *Le formulaire de Tréguier et les écoliers bretons des écoles d'Orléans au commencement du XIVᵉ siècle: Mémoires de la Soc. archéolog. et histor. de l'Orléanais,* XXIII, p. 41-64, et *Histoire littéraire,* XXXI, p. 23-35.
9. H. Simonsfeld. *Fragmente von Formelbüchern auf der Münchener Hof-und Staatsbibliothek : Sitzungsbericht der philos. philolog. und histor. Classe der k. k. Akademie der Wissenschaften zu München,* 1892, p. 443-536.
10. J. Loserth. *Formularbücher der Grazer Universitätsbibliothek : Neues Archiv,* XXI, p. 307-311 ; XXII, p. 299-307.
11. Dʳ Ludwig von Rockinger. *Aus dem Formelbuche des Joh. Gentzinger aus Neuburg in Ingolstadt von Jahre 1446 : Archivalische Zeitschrift,* N. F., V, p. 198-233.

Les *Questions mérovingiennes*, de Julien Havet, interrompues par la mort prématurée de ce savant, ont reçu depuis 1887 diverses additions considérables, dont il suffira de rappeler les titres, car il n'est pas de diplomatiste qui ne les ait lues et relues : *les Origines de Saint-Denis, la Donation d'Étrépagny, les Actes des évêques du Mans.* Ces mémoires ont été réunis dans le tome I des *Œuvres de Julien Havet* [1].

La question de *vir inluster* ou *viris inlustribus* a été reprise par M. d'Arbois de Jubainville [2] qui a pris occasion pour étudier la hiérarchie honorifique en Gaule aux xv° et vi° siècles, et les épithètes appliquées aux empereurs et aux fonctionnaires, puis aux rois barbares.

M. Levillain [3] a apporté de nouveaux arguments en faveur de la lecture *viris inlustribus.*

Quelques actes de l'époque mérovingienne ont été l'objet de monographies spéciales : le diplôme de Clovis et la charte de la reine Théodechilde pour Saint-Pierre-le-Vif de Sens, deux actes reconnus faux depuis longtemps, mais dont on a essayé de déterminer la date de composition [4], et encore le prétendu privilège de saint Faron, évêque de Meaux, pour Faremoutiers [5].

M. Pirenne [6] a démontré qu'un prétendu diplôme original de Thierry III, concession d'immunité à l'abbaye de Saint-Bertin, en date du 23 octobre 682, conservé à la bibliothèque de l'Université de Gand, devait être rangé parmi les diplômes faux, au moins quant à la forme. Il a joint à son mémoire un fragment de charte privée, de l'époque mérovingienne, conservé à la Bibliothèque de Bruges. Dans une thèse soutenue à l'École des Chartes et dont les positions seules ont été jusqu'ici imprimées, M. Léon Levillain [7] a étudié les diplômes accordés par les rois mérovingiens et carolingiens à l'abbaye de

1. *Œuvres de Julien Havet (1853-1893)*, tome I°. *Questions mérovingiennes.* — Tome II. *Opuscules divers.* Paris, Leroux, 1896, in-8, 2 vol, xxi-456, 526 p.
2. H. d'Arbois de Jubainville. *Deux manières d'écrire l'histoire.* Paris, Bouillon, 1896, in-8, xxvii-278 p., aux pages 190-250.
3. Compte rendu des *Œuvres de Julien Havet*, dans le *Moyen-Age*, 1896, p. 169-179.
4. Maurice Prou. *Étude sur les chartes de fondation de l'abbaye de Saint-Pierre-le-Vif : Bullet. de la Soc. archéologique de Sens,* XVII, p. 40-89. — Contre le mémoire précédent : Abbé Blondel. *La vérité sur les chartes de fondation de l'abbaye de Saint-Pierre-le-Vif.* Sens, impr. Duchemin, 1896, in-8, 29 p. (Extr. du *Bulletin de la Soc. archéolog. de Sens,* XVIII.)
5. Maurice Lecomte. *Le privilège de saint Faron, évêque de Meaux* (626 ?-672 ?) *pour l'abbaye de Faremoutiers.* Lagny, impr. Colin, 1897, in-8, 27 p. (Extr. du *Bullet. de la conférence d'histoire et d'archéologie du diocèse de Meaux.*)
6. Henri Pirenne. *Note sur un diplôme du roi franc Thierry III conservé à la Bibliothèque de l'Université de Gand et sur un fragment de charte mérovingienne conservé à la bibliothèque de Bruges.* Gand, Engelcke, 1893, in-8, 18 p., 2 pl. en phototypie. (Extr. des *Bulletins de la Commission royale d'histoire de Belgique,* 5° s., III.)
7. Léon Levillain. *Examen critique des chartes mérovingiennes et carolingiennes de l'abbaye de Corbie* (VII°-X° siècles) : École nationale des Chartes. *Positions des thèses* (Toulouse, Privat, 1898, in-8), p. 81-87.

Corbie. D'après lui, le diplôme de fondation, déclaré faux par M. B.
Krusch, doit être replacé en tête des *Acta sincera* de Corbie ; il a été
expédié par la chancellerie de Clotaire III entre les 10 octobre-16 novembre 657 et le 23 décembre 661. On ne mettra pas davantage en
doute l'authenticité de l'exemption de tonlieux de Clotaire III du
23 décembre 661, pas plus que celle des diplômes de Thierry III et
de Chilpéric II. L'un des chapitres les plus nouveaux de l'étude de
M. Levillain est celui qu'il a consacré aux privilèges ecclésiastiques, et spécialement à l'exemption accordée par l'évêque d'Amiens
Berthefridus le 6 septembre 664.

A la diplomatique mérovingienne se rattache l'étude de M. Bretholz sur les souscriptions dans les conciles gaulois [1].

Le répertoire des actes carolingiens dressé jadis par Böhmer et
réédité par M. Mühlbacher [2], dont le premier volume comprend les
diplômes des premiers rois carolingiens et ceux des successeurs de
Louis le Germanique jusqu'à Conrad Ier, est précédé de considérations
importantes sur la diplomatique de cette période, avec quelques
conclusions différentes de celles de Sickel. L'étude de M. Kehr [3] sur
la donation de Charlemagne au Saint-Siège est plus historique que
diplomatique. Le célèbre privilège de Charlemagne pour Aix-la-
Chapelle, inséré dans un diplôme de Frédéric Ier vidimé par Frédéric II, est reconnu faux par tous les diplomatistes ; mais on n'est
pas d'accord sur l'époque de la falsification ; c'est là un point qu'ont
examiné divers savants, et spécialement MM. Lœrsch [4], Scheffer-
Boichorst [5], Grauert [6] et Schultheisz [7]. M. Tangl [8] a démontré que

1. B. Bretholz. *Die Unterschriften in den gallischen Concilien des 6. und
7. Jahrhunderts : Neues Archiv*, XVIII, p. 527-547.

2. E. Mühlbacher. *J. F. Böhmer. Regesta imperii. I. Die Regesten des Kaiserreichs unter den Karolingern* (751-918). Innsbruck, Wagner, 1880-1889, in-4°,
cviii-788 p. Les autres livraisons parues des *Regesta Imperii* seront indiquées plus
loin lorsqu'on parlera de la diplomatique allemande.

3. P. Kehr. *Die sogenannte karolingische Schenkung von 774 : Historische
Zeitschrift*, LXX, p. 385-441.

4. H. Lœrsch, dans Gerh. Rauschen. *Die Legende Karls des Grossen im 11. and
12. Jahrhundert.* Leipzig, Duncker, 1890, in-8, xviii-223 p. (Publikationen der
Gesellschaft für Rheinische Geschichtskunde, VII.)

5. P. Scheffer-Boichorst. *Kleinere Forschungen zur Geschichte des Mittelalters,
XVII. Zu den Anfängen des Kirchenstreites unter Heinrich IV. Das angebliche
Diplom Karls des Grossen für Aachen und das Recht des Königs in der Wahlord-
nung Nikolaus' II : Mittheilungen des Instituts für œsterreich. Geschichtsforschung*, XIII, p. 107 224.

6. Hermann Grauert. *Das fälschte Aachener Karlsdiplom und der Königspara-
graph der Papstwählordnung von 1059 : Historisches Jahrbuch*, XIII (1892),
p. 172-191.

7. Schultheisz. *Karl-Friedrichsurkunde und Karlslegende : Ibid.*, XIII (1892),
p. 724-736.

8 M. Tangl. *Die Urkunden Karls des Grossen für Bremen und Verden : Mittheilungen des Instituts für œsterreich. Geschichtsforschung*, XVIII, p. 53-68,

les diplômes de Charlemagne pour Brême et Verden, datés de 786 et 788, ont été fabriqués au XIIᵉ siècle. M. H. Bardy [1] a donné un fac-similé du diplôme de Charlemagne du 13 janvier 769 portant donation du monastère de Saint-Dié à l'abbaye de Saint-Denis.

Le privilège de Louis le Pieux pour l'Église romaine, de 817, a fait l'objet d'un mémoire de M. Lamprecht [2]. M. Mühlbacher [3] a établi l'authenticité du plus ancien diplôme pour Halberstadt, du 2 septembre 814.

Le mémoire de M. A. Giry [4] intitulé la Donation de Rueil à l'abbaye de Saint-Denis a une double portée, diplomatique et historique. Au premier point de vue, le seul auquel nous devions nous placer, l'auteur conclut qu'un diplôme original de Charles le Chauve conservé aux Archives nationales sous la cote K. 14, nᵒ 9, est parfaitement authentique et doit être daté du 27 mars 875 ; que deux autres ont été refaits et interpolés probablement entre 1008 et 1049. Dans un autre mémoire, M. Giry a démontré que la date d'un diplôme [5] de Charles le Chauve pour Saint-Maur avait été altérée par un moine ignorant du XIᵉ siècle, et que dans un autre diplôme, connu seulement par une copie, le nom de lieu *Parisiaco* devait être lu *Carisiaco*. M. A. Molinier [6] a étudié un diplôme de Charles le Chauve, de l'an 844, pour l'église de Narbonne, et démontré qu'il est authentique, mais interpolé.

M. Fritz [7] a retracé les vicissitudes d'un diplôme de Lothaire Iᵉʳ pour Saint-Étienne de Strasbourg, dont il soutient l'authenticité. Mais ses conclusions ont été réfutées par M. Wiegand [8], qui tient ce diplôme pour fabriqué dans la chancellerie épiscopale de Strasbourg vers 1163, aussi bien que deux autres actes, l'un de Louis le

1. Henri Bardy. *Donation par Charlemagne du monastère de Saint-Dié-en-Vosges à l'abbaye de Saint-Denis (13 janvier 769) : Bullet. de la Soc. philomathique vosgienne*, 20ᵉ année (1894-95), p. 145-150, 1 pl. en phototypie.
2. K. Lamprecht. *Die römische Frage von König Pippin bis auf Kaiser Ludwig den Frommen in ihren urkundlichen Kernpunkten erläutert.* Leipzig, Dürr, 1889, in-8, 143 p.
3. E. Mühlbacher. *Die Urkunde Ludwigs des Frommen für Halberstadt : Neues Archiv*, XVIII, p. 282-293.
4. A. Giry. *La donation de Rueil à l'abbaye de Saint-Denis ; examen critique des trois diplômes de Charles le Chauve : Mélanges Julien Havet*, p. 683-717.
5. Du même. *Dates de deux diplômes de Charles le Chauve pour l'abbaye des Fossés: Biblioth. de l'École des Chartes*, LVII, p. 509-517 ; LVII, p. 152.
6. A. Molinier. *Un diplôme interpolé de Charles le Chauve : Mélanges Julien Havet*, p. 67-76.
7. J. Fritz. *Ist die Urkunde Lothars I von 845 für St Stephan in Strassburg eine Fälschung ? Zeitschrift für Geschichte des Oberrheins*, N. F., VI, p. 663-674.
8. W. Wiegand. *Die ältesten Urkunden für St Stephan in Strassburg : Ibid.*, N. F., IX, p. 389-412.

Germanique, l'autre de l'évêque Wernher. M. Wolfram[1] a consacré un mémoire aux diplômes de Louis le Germanique pour le monastère de Sainte-Glossine à Metz. D'intéressantes observations paléographiques et diplomatiques ont été faites par M. E. von Œfele[2] sur un diplôme de Louis le Germanique (831) et un autre d'Arnulf (899) pour l'évêché d'Eichstätt et le monastère de Herrieden. Citons une étude de M. Erben[3] sur les actes faux d'Arnulf pour Salzbourg. La chancellerie de Zwentibold, dont vingt-huit diplômes (sept originaux) nous ont été conservés, a été étudiée par M. M. Müller[4].

On trouvera aussi des renseignements sur divers diplômes carolingiens dans les dissertations consacrées aux documents d'archives de plusieurs monastères, par exemple la critique de prétendus diplômes de Charles Martel et de Charlemagne dans le livre du Dr Brandi[5] sur les actes de l'abbaye de Reichenau. Des diplômes mérovingiens et carolingiens ont été étudiés par M. Wolfram[6], des diplômes carolingiens, par M. Erben[7].

Le monastère de Saint-Maximin de Trèves[8] a fourni des actes faux de Pépin, de Charlemagne, de Louis le Pieux et de Lothaire II. On trouvera quelques remarques sur les diplômes carolingiens, et même mérovingiens, remaniés ou fabriqués à l'abbaye de Saint-Maur-des-Fossés au xıe siècle, dans les positions de la thèse soutenue par M. H. Travers[9] à l'École des Chartes.

1. G. Wolfram. *Die Urkunden Ludwigs des Deutschen für das Glossindenkloster in Metz rol. 875 November 25 : Mittheilungen des Instituts für œsterreich. Geschichtforschung*, XI, p. 1-27.

2. E. von Œfele. *Unedirte Karolinger-Diplome : Sitzungsberichte der philosoph.-philolog. und histor. Classe der k. Akademie der Wissenschaften zu München*, 1892, p. 121-136.

3. W. Erben. *Die gefälschte Urkunde Arnolfs für Salzburg (Mühlbacher, Reg. 1801) : Ibid.*, X, p. 607-641.

4. Moritz Müller. *Die Kanzlei Zwentibolds, Königs von Lothringen* (895-900). Bonn (Inaug.-Dissert.), Hauptmann, 1892, in-8, 99 p.

5. *Die Reichenauer Urkundenfälschungen untersucht von* Dr Karl Brandi. *Mit 17 Tafeln in Lichtdruck*. Heidelberg, Winter, 1890, in-4°, xu-132 p. (*Quellen und Forschungen zur Geschichte der Abtei Reichenau.* I.) — Une partie de ce livre avait été publiée comme dissertat. de l'Université de Strasbourg, sous le titre : *Kritisches Verzeichniss der Reichenauer Urkunden des VIII-XII Jahrhunderts.* Heidelberg, Winter, in-4°, 42 p.

6. G. Wolfram. *Kritische Bemerkungen zu dem Urkundenbuch des St. Arnulfs-Klosters. I. Die Merowinger und Karolingen Diplomen : Jahrb. der Ges. für Lothr. Geschichte*. I, p. 40-80.

7. W. Erben. *Die älteren Immunitäten für Werden und Corvei : Mittheilungen des Instituts für œsterreich. Geschichtsforschung*, XII, p. 46-54.

8. A. Dopsch. *Die falschen Karolinger-Urkunden für St-Maximin* (Trier) : *Mittheilungen des Instituts für œsterreich. Geschichtsforschung*, XVII, p. 1-34.

9. Henry Travers. *Recherches sur l'histoire de l'abbaye de Saint-Maur-des-Fossés jusqu'à la réunion du prieuré de Saint-Éloi* (639-1108) : *École nationale des Chartes. Positions des thèses soutenues par les élèves de la promotion de 1890.* p. 159-166.

L'organisation de la chancellerie des premiers Capétiens a été décrite par M. Luchaire [1] dans son *Histoire des Institutions monarchiques*. Le même savant a étendu ses recherches jusqu'au XIVe siècle dans son *Manuel des institutions françaises* [2]. Enfin l'on trouvera dans les Annales de la vie de Louis VI du même auteur [3], outre des remarques particulières sur de nombreux actes de ce roi, des dissertations sur les notations chronologiques dans les actes de Louis VI (p. 293), sur la succession des grands officiers (p. 303), sur les documents suspects relatifs à ce règne (p. 322).

M. Prou a publié et étudié les diplômes de Philippe Ier pour Saint-Benoît-sur-Loire [4]. Il a présenté quelques considérations sur les confirmations royales du XIe siècle consistant dans l'apposition au bas des chartes dressées en dehors de la chancellerie royale, des signes de validation usités pour les diplômes royaux. L'histoire du règne de Louis VIII par M. Petit-Dutaillis [5] contient un catalogue des actes de ce roi.

M. Delisle [6] a démontré la fausseté d'une charte de saint Louis, de septembre 1246, imprimée dans le *Cartulaire de l'abbaye de Notre-Dame de la Trappe*. M. G. Demante [7] a montré, contrairement à l'opinion exprimée par L. de Mas-Latrie, qu'il n'y avait pas opposition de sens entre l'expression « car tel est notre bon plaisir » et la formule de chancellerie « car tel est nostre plaisir. » M. Michel Hardy [8] a signalé l'expression *placet nobis* dans une lettre de Philippe de Valois, de 1341. Les positions de la thèse soutenue par M. O. Morel [9] à l'École des Chartes suffisent, en attendant la publication intégrale de cet important travail, à donner une idée des règles

1. Achille Luchaire. *Histoire des institutions monarchiques de la France sous les premiers Capétiens* (987-1180), 2e édit. Paris, Picard, 1891, 2 vol. in-8, t. I.

2. Du même. *Manuel des institutions françaises, période des Capétiens directs*. Paris, Hachette, 1892, in 8, VIII-639 p., p. 522-523.

3. Du même. *Louis VI le Gros. Annales de sa vie et de son règne (1081-1137), avec une introduction historique*. Paris, Picard, 1890, in-8, CC-397 p.

4. Maurice Prou. *Les diplômes de Philippe Ier pour l'abbaye de Saint-Benoît-sur-Loire : Mélanges Julien Havet*, p. 157-199.

5. Ch. Petit-Dutaillis. *Étude sur la vie et le règne de Louis VIII*. Paris, Bouillon, 1894, in-8, XLIV-568 p.

6. L. Delisle. *Fausseté d'une charte de saint Louis pour l'abbaye de la Trappe : Biblioth. de l'École des Chartes*, LI, p. 378-379.

7. G. Demante. *Observations sur la formule « car tel est nostre plaisir » dans la chancellerie française : Ibid.*, LIV, p. 86-97.

8. Michel Hardy. *Philippe de Valois et la formule « car tel est nostre plaisir » : Bulletin histor. et philolog. du Comité des Travaux histor.*, 1893, p. 95-97.

9. Octave Morel. *La grande chancellerie royale et l'expédition des lettres royaux de l'avènement de Philippe de Valois à la fin du XIVe siècle : École nationale des chartes. Positions des thèses soutenues par les élèves de la promotion de 1897*, p. 89-99.

suivies au xiv° siècle dans la chancellerie royale pour l'expédition des diverses espèces de lettres.

Une prétendue lettre de Charles VI, conservée dans les archives du château de la Saulaye, est fausse [1]. Deux actes du même roi, à savoir un sauf-conduit du 6 nov. 1385 pour les Gantois, et une proclamation de trêve pour le plat pays, de la même date, ont été rédigés en flamand [2]. M. Spont [3] a publié un certain nombre de tarifs de la chancellerie française au xv° siècle.

M. Posse a démontré, il y a quelques années, que la plupart des seigneurs, antérieurement au xiii° siècle, laissaient le soin de faire rédiger et écrire les actes rendus en leur nom aux destinataires eux-mêmes. M. H. Pirenne [4] a fait une constatation semblable pour les comtes de Flandre aux x° et xi° siècles. Bien qu'il y eût des notaires à la cour des comtes dès la fin du xi° siècle, cependant l'on peut établir qu'encore au xii° siècle, une partie des actes comtaux étaient écrits dans les divers monastères en faveur desquels ils étaient rédigés. Au xii° siècle, les notaires étaient surtout chargés de tenir les comptes des revenus domaniaux. Ils disparurent au début du xiii° siècle. Nous ne quitterons pas la Flandre sans signaler l'intéressant mémoire de M. des Marez [5] sur un diplôme d'Arnulf le Vieux.

Le decret d'Adalbéron, archevêque de Reims, rendu dans le concile de Mont-Notre-Dame, en mai 972, a fait l'objet d'un mémoire de M. F. Lot [6] : le prétendu original de la Collection de Champagne, à la Bibliothèque nationale, a été composé d'après l'acte authentique rapporté dans le Chronicon monasterii Mosomensis. M. l'abbé Métais [7] avait cru reconnaître la signature autographe d'Ives, évêque de Chartres, au bas d'un privilège accordé à Saint-Père de Chartres ; mais, comme l'a établi M. R. Merlet [8], le prélat signataire est Ives, évêque de Sées.

1. L. Delisle. Une fausse lettre de Charles VI : Biblioth. de l'Ecole des Chartes, LI, p. 87-92.
2 Léon Mirot. L'emploi du flamand dans la chancellerie de Charles VI Biblioth. de l'Ecole des Chartes, LVII, p. 55-57.
3. Spont. De cancellariæ regum Franciæ officiariis et emolumento (1440-1483). Vesontione, ex typis P. Jacquin, 1894, in-8, 86 p. (Thèse pour le doctorat ès lettres)
4. H. Pirenne. La chancellerie et les notaires des comtes de Flandre avant le XIII° siècle : Mélanges Julien Havet, p. 733-748.
5. G. Des Marez. Notice sur un diplôme d'Arnulf le Vieux, comte de Flandre. Bruxelles, Hayez, 1896, in-8, 36 p. (Extr. des Bullet. de la commission royale d'histoire de Belgique, 5° s., VI, n° 3.)
6. F. Lot. Une charte fausse d'Adalbéron, archevêque de Reims : Biblioth. de l'Ecole des Chartes, LII, p. 31-45.
7. Abbé Ch. Métais. Deux chartes inédites de saint Yves : Bullet. histor. et philolog du Comité des Travaux histor., 1894, p. 524-536.
8. R. Merlet. Une prétendue signature autographe d'Ives, évêque de Chartres : Biblioth. de l'Ecole des Chartes, LVI, p. 639-644.

A la suite de la biographie d'Eudes, comte de Blois (995-1037),
M. L. Lex [1] a donné une étude sur la diplomatique de ce seigneur
(p. 81-90) et un catalogue de ses actes (p. 99-120).

Le chartrier de Goué [2], dans le Maine, contenait un grand nombre
de documents faux, parmi lesquels une liste des seigneurs qui
avaient pris la croix en 1158 avec Geoffroy de Mayenne. M. Louis
Guibert [3] a publié des formulaires des consuls du château de Limoges
qui donnent la forme des adresses des lettres suivant les destinataires. Signalons un mémoire de M. Blanchard [4] sur les actes de deux
évêques de Nantes.

Dans ses nombreuses et savantes études sur la géographie poli-
tique et ecclésiastique du sud-ouest de la Gaule, M. Bladé a examiné
l'authenticité et les dates d'un grand nombre de documents; nous
ne citerons que la démonstration qu'il a faite de la fausseté d'une
lettre de Bernard III, archevêque d'Auch [5], attribuée à l'an 1200, et
aussi d'une charte-notice, relative à la fondation de Sainte-Croix de
Bordeaux [6], ce dernier texte très important, puisque Marca a fondé
sur lui son affirmation qu'au temps des ducs héréditaires de Gascogne, Bordeaux avait ses comtes particuliers. Citons encore pour
la diplomatique seigneuriale les positions de la thèse soutenue par
M. H. de Roux [7] à l'École des Chartes.

Il n'y a pas de chancellerie qui ait donné lieu à plus de travaux
que la chancellerie pontificale. C'est à peine s'il est nécessaire de
rappeler ici l'existence des *Regesta* de Jaffé et la seconde édition qui
en a été donnée en 1888 [8]. M. Baumgarten [9] a proposé à ce cata-

1. Léonce Lex. *Eudes, comte de Blois, de Tours, de Chartres, de Troyes et de Meaux (995-1027), et Thibaud son frère (995-1004).* Troyes, Dufour-Bouquot, 1892, 199 p. (Extr. des *Mémoires de la Soc. académique de l'Aube,* LV.)
2. Abbé A. Angot. *Les croisés de Mayenne en 1158, étude critique.* Laval, A. Goupil, 1896, in-8, 17 p.
3. Louis Guibert. *Formulaires pour la correspondance à l'usage des consuls du château de Limoges (fin du XIVe siècle) : Bulletin histor. et philolog. du Comité des Travaux histor.,* 1889, p. 208-212.
4. R. Blanchard. *Airard et Quiriac, évêques de Nantes (1050-1079). Étude sur les actes de leur pontificat : Revue de Bretagne, Vendée, Anjou,* XIII, p. 161-181, 241-265, 321-342.
5. Jean-François Bladé. *Des prétentions primatiales des métropolitains de Vienne, Bourges et Bordeaux sur la province ecclésiastique d'Auch.* Auch, impr. Foix, 1896, in-8, 16 p.
6. Du même. *Les comtes carolingiens de Bigorre et les premiers rois de Navarre.* Agen, impr. et lithogr. agenaises, 1897, in-8, 141 p.
7. Henri de Roux. *La chancellerie du roi René en Anjou et en Provence : École nationale des Chartes. Positions des thèses soutenues par les élèves de la promotion de 1891,* p. 37-44.
8. Ph. Jaffé. *Regesta pontificum romanorum ab condita ecclesia ad annum post Christum natum MCXCVIII. Ed. II correctam et auctam curaverunt* S. Loewenfeld, F. Kaltenbrunner, P. Ewald. Leipzig, Veit, 1888, in-4, VIII-823 p.
9. Baumgarten. *Unbekannte Papstbriefe aus der Zeit vor 1198 : Römische Quartalschrift,* II, p. 382.

logue des lettres pontificales antérieures à 1198, un certain nombre de corrections, que M. Löwenfeld [1] a démontré être pour la plupart mal fondées.

Sur les registres de la chancellerie pontificale, considérés dans leur ensemble, l'on consultera le succinct mais très net catalogue qu'en a donné M. l'abbé Alfred Cauchie [2]. Il ne rentre pas dans notre cadre d'énumérer les publications de registres pontificaux ; nous ne pourrons retenir que celles qui contiennent des études diplomatiques. M. Schmitz a d'ailleurs passé en revue les publications de ce genre faites en ces dernières années [3].

Les études de M. O. Guenther [4] sur la collection de lettres impériales et pontificales connue sous le nom de *Collectio Avellana* ont une importance capitale, non seulement pour la diplomatique, mais encore pour l'histoire générale du IVe au VIe siècle. MM. Mommsen [5] et Bresslau ont éclairé quelques points des lettres pontificales contenues dans la *Collectio Britannica*. La collection de Thessalonique, qui contient des lettres des papes et d'autres des empereurs Honorius et Théodose, a été critiquée par M. J. Friedrich [6].

Au catalogue que le Père R. von Nostitz-Rieneck [7] a dressé des lettres de Léon Ier contenues dans le ms. 14540 de Munich il a joint quelques aperçus diplomatiques sur les adresses, les dates, l'ordre de transcription dans le recueil manuscrit.

Un essai sur la chronologie des lettres du pape Hormisdas (514-523) est dû à M. Günther [8]. Les fragments des registres de lettres de

1. S. Löwenfeld. *Ein diplomatisches Missgeschick : Historisches Jahrbuch*, X, p. 334-343.

2. *Congrès archéolog. et histor. de Tournai en 1895. De la création d'une école belge à Rome*, par l'abbé Alfred Cauchie. Tournai, Casterman, 1896, in-8, 69 p.

3. Dr L. Schmitz. *Uebersicht über die Publikationem aus den päpstlichen Register-bänden des XIII-XV Jahrhunderts vornehmlich seit dem Jahre 1881* : *Römische Quartalschrift für christliche Alterthumskunde und für Kirchengeschichte*, VII (1893).

4. *Epistulæ imperatorum, pontificum, aliorum inde ab a. 367 usque ad a. 553 datæ. Avellana quæ dicitur collectio. Ex recensione Otton. Guenther*. Pars I : *Prolegomena, epistulæ 1-104*. Vindobonæ, Tempsky, 1895, in-8, xciv-493 p. (*Corpus scriptorum ecclesiasticor.*, vol. 35). — O. Guenther. *Avellana-Studien*. Wien, Gerold, 1896, in-8, 134 p. (Extr. de *Sitzungsberichte der k. Akademie der Wissenschaft. in Wien. Ph. H. Cl.*, vol. 134). — Wilh. Meyer. *Epistulæ imperatorum romanorum ex collectione canonum Avellana editæ : Index scholarum der Göttinger Universität für Sommer- und Wintersemester 1888*. Gottingæ, Dieterich, in-4°.

5. Theodor Mommsen. *Bemerkungen zu den Papstbriefen der Britischen Sammlung : Neues Archiv.*, XV, p. 187-188.

6. J. Friedrich. *Ueber die Sammlung der Kirche von Thessalonich und das päpstliche Vicariat für Illyricum : Sitzungsberichte der k. Akademie der Wissenschaften zu München*, 1881, p. 771-887.

7. Rob. von Nostitz-Rieneck. *Die Briefe Papst Leos I im Codex Monacensis 14540 : Historisches Jahrbuch*, XVIII, p 117-133.

8. O. Günther. *Beiträge zur Chronologie der Briefe des Papstes Hormisdas : Sitzungsberichte der philos.-histor. Classe der k. Akademie der Wissenschaften* (Wien), CXXVI, Abhandl. XI.

Grégoire Ier ont été publiés par Ewald et M. Hartmann [1]. Cette édition a donné lieu à une étude critique de M. Mommsen [2] qui a remarqué qu'on trouve dans Bède une série de lettres de Grégoire Ier avec leur adresse, la souscription et la date, éléments qui font défaut dans les extraits qui nous sont parvenus des registres de ce pape ; d'où Ewald avait conclu que Bède avait eu entre les mains des expéditions originales transmises en Angleterre ; mais comme Bède dit qu'il a tiré ces textes des archives pontificales, M. Mommsen en déduit l'existence d'un registre original contenant les formules dans leur intégrité, formules que les rédacteurs des extraits des registres grégoriens ont abrégées. M. Hartmann [3] a consacré une dissertation à la chronologie et une autre à l'orthographe des lettres de Grégoire Ier. Dans ce dernier mémoire, M. Hartmann avait cité une lettre de Grégoire Ier relative aux huiles des saints martyrs données à la reine Théodelinde et conservée au trésor de Monza. M. Bresslau [4] a signalé la présence dans le même trésor d'un autre document sur papyrus, qu'on considère comme une lettre originale de Grégoire ; elle a été publiée à plusieurs reprises ; M. Bresslau, qui en donne une nouvelle lecture, remarque que les caractères extérieurs de ce document, et spécialement l'écriture, s'opposent à ce qu'on le considère comme émanant de la chancellerie romaine.

Le formulaire de la chancellerie pontificale, connu sous le nom de *Liber Diurnus*, composé au VIIe ou au VIIIe siècle, peut-être pour servir à l'instruction des employés, devint rapidement le manuel officiel de la chancellerie pontificale et y resta en usage jusqu'à la fin du XIe siècle. M. E. de Rozière qui en avait publié le texte en 1869, le considérait (abstraction faite d'additions postérieures au IXe siècle) comme un tout rédigé entre 685 et 751. M. Th. von Sickel, qui en a donné une nouvelle édition [5], considère que ce recueil est formé de la réunion de trois collections de formules : la première (form. 1 à 63) serait antérieure à 680 et probablement peu postérieure à 625 ; avec un appendice (form. 64-81) d'environ l'an 700 ; la seconde (form. 81-85)

1. *Gregorii I papæ Registrum epistolarum. II, libri VIII IX. Post* Pauli Ewald *obitum edidit* Ludovicus M. Hartmann (*Monumenta Germaniæ historica*). Berlin, Weidmann, 1893, in 4, IV-235 p.

2. Mommsen. *Die Papstbriefe bei Beda* : *Neues Archiv*, XVII, p. 387-396.

3. L. M. Hartmann. *Zur Chronologie der Briefe Gregors I* : *Neues Archiv*, XV, p. 411-417. — Du même. *Ueber die Orthographie Papst Gregors I*: *Ibid.*, XV, p. 527-549. — Du même. *Ueber zwei Gregorbriefe* : *Ibid.*, XXII, p. 193-198.

4 H. Bresslau. *Zusatz über einen Gregor I zugeschriebenen Brief* (*Original auf Papyrus in Monza*): *Neues Archiv*, XV, p. 550-554.

5 *Liber diurnus Romanorum pontificum*. *Ex unico codice Vaticano denuo edidit* Th. E. ab Sickel. *Consilio et impensis Academiæ litterarum cæsareæ Vindobonensis*. Vindobonæ, Gerold, 1889, in-8, XCII-220 p.

daterait de 772 ou environ ; la troisième (form. 86-107) des dernières années du pontificat d'Hadrien Ier (772-795). M. Th. von Sickel a exposé ses arguments dans un mémoire publié par l'Académie de Vienne [1] M. l'abbé Duchesne [2] a combattu ces conclusions ; la répartition des formules en trois groupes d'âges différents est inconciliable avec ce que l'on sait par ailleurs des élections pontificales au VIIe siècle ; parmi les formules que le nouvel éditeur considère comme antérieures à 680, il en est de relatives à l'installation d'un nouveau pape et qui sont adressées à l'exarque de Ravenne ; or ce n'est qu'à partir de Benoît II (684-685) que le pouvoir de ratifier les élections pontificales fut délégué par l'empereur à l'exarque. M. Hartmann [3], au contraire, s'est prononcé en faveur de l'opinion de M. Th. von Sickel. M. Friedrich a examiné la même question [4]. La controverse a été résumée par M. H. Bresslau [5] dans les *Jahresberichte*. M. Giorgi [6] a retracé l'histoire du manuscrit du *Liber Diurnus* conservé au Vatican. M. l'abbé Ceriani [7] a signalé un autre manuscrit de la seconde moitié du IXe siècle à la bibliothèque Ambrosienne.

On peut rattacher aux études sur le *Liber Diurnus* le mémoire que M. Gundlach [8] a consacré au *Codex Carolinus*, dans lequel il a consigné d'utiles observations sur la diplomatique pontificale. M. Kehr [9] a essayé de dater les lettres du pape Paul Ier contenues dans le *Codex Carolinus*. M. Gundlach [10] a soumis à la critique des lettres

1. Th. E. v. Sickel. *Prolegomena zum Liber diurnus. Mit einer Tafel.* I et II : *Sitzungsberichte der k. Akademie der Wissenschaften. Philol.-histor. Classe* (Wien), CXVII, 76 et 94 pp. — Voyez encore : Du même. *Zu meiner Edition des Diurnus (Corrigenda) : Mittheilungen des Instituts für œsterreich. Geschichtsforschung,* X, p. 468. — Du même *Nouveaux éclaircissements sur la première édition du Liber Diurnus : Mélanges Julien Havet,* p. 15-36.

2. Abbé Duchesne, Compte rendu, dans *Bulletin critique,* 1889, n° 11. — Du même, *Le liber diurnus et les élections pontificales au VIIe siècle : Biblioth. de l'École des Chartes,* LII, p. 5-36.

3. L. M. Hartmann. *Die Entstehungszeit des Liber Diurnus : Mittheilungen des Instituts für œsterreich. Geschichtsforschung,* XIII, p. 239-254.

4. H. Friedrich. *Zur Entstehung des Liber diurnus : Sitzungsberichte der bayer. Akademie. Phil.-histor. Classe,* 1890, p. 58-141.

5. *Jahresberichte der Geschichtswissenschaft herausgegeben von* J. Jastrow, XV, Abtheil. IV, p. 86.

6. J. Giorgi. *Storia esterna del codice Vaticano del « Diurnus romanorum pontificum » : Archivio della r. Società romana di storia patria,* XI, p. 641-689.

7. Ant. Ceriani. *Notizia di un antico manoscritto ambrosiano del Liber Diurnus romanorum pontificum : Rendiconti del r. Istituto Lombardo,* 2ª s., XXII, p. 367-371.

8. W. Gundlach. *Ueber den Codex Carolinus : Neues Archiv,* XVII, p. 525-566.

9. P. Kehr. *Ueber die Chronologie der Briefe Papst Pauls I im Codex Carolinus : Nachrichten von der k. Gesellschaft der Wissenschaften zu Göttingen, philol.-histor. Klasse,* 1896, p. 102-157.

10. W. Gundlach. *Ueber die vermeintliche Unechtheit einiger Stücke der Epistolæ Langobardicæ collectæ des zweiten Anhangs im III Epistolæ-Bande der Monumenta Germaniæ historica : Neues Archiv,* XVIII, p. 653-663.

d'un pape Grégoire (II ou III) adressées aux doges de Venise et aux patriarches de Grado. M. l'abbé Duchesne a présenté dans son *Liber Pontificalis* des objections contre l'authenticité de deux lettres d'un pape Grégoire, probablement Grégoire II, à Léon l'Isaurien. M. L. Guérard [1], qui a retrouvé des manuscrits de ces lettres, apporte de nouveaux arguments en faveur de l'opinion précitée ; d'après lui, ces lettres ont été composées au milieu du ix⁰ siècle en Orient. Une lettre du pape Hadrien à l'abbé de Saint-Denis, dont l'authenticité a été mise en doute par M. Pflugk-Harttung, doit être tenue pour bonne, d'après M. Karl Hampe [2]; le commentaire de ce savant porte sur le fond plus que sur la forme.

M. W. Martens [3] a prétendu que la fausse donation de Constantin avait été fabriquée à Rome sous le pape Hadrien. Mais l'accord n'est pas établi sur ce point entre les érudits. M. J. Friedrich [4] y reconnaît deux parties, dont l'une du vii⁰ siècle et l'autre du viii⁰. Mais M. Scheffer-Boichorst [5] place la falsification sous le pontificat de Paul I⁰ʳ. M. K. Zeumer a donné une nouvelle édition de ce document, dont M. Brunner [6] place la composition entre 813 et 816, tout en remarquant que la légende de cette donation remonte au viii⁰ siècle. Citons enfin sur le même sujet une dissertation de M. Lœning [7].

Le P. Lapôtre [8] a recherché les fragments des registres de Jean VIII. M. Pflugk-Harttung [9] a examiné la question de savoir s'il y a eu des registres à la chancellerie pontificale d'Étienne V à Alexandre II. M. Uhlirz [10] tient pour authentique une bulle de

1. Louis Guérard. *Les lettres de Grégoire II à Léon l'Isaurien: École franç. de Rome, Mélanges,* X, p. 44-60.

2. Karl Hampe. *Zur Erklärung eines Briefes Papst Hadrians I an den Abt von S. Denis (J. 2491): Neues Archiv,* XXII, p. 748-754.

3. W. Martens. *Die falsche Generalkonzession Konstantin's des grossen.* München, E. Stahl, 1889, in-8.

4. J. Friedrich. *Die Constantinische Schenkung.* Nördlingen, Beck, 1889, in-8, viii-197 p.

5. Scheffer-Boichorst. *Neuere Forschungen über die Konstantinische Schenkung: Mittheilungen des Instituts für œsterreich. Geschichtsforschung,* X, p. 302-325 ; XI, p. 128-146.

6. K. Zeumer und H. Brunner. *Die Constantinische Schenkungsurkunde.* Berlin, Springer, 1888 (Festgabe für Gneist).

7. E. Lœning. *Die Entstehung der Konstantin. Schenkungsurkunde: Historische Zeitschrift,* LXV, p. 193-239.

8. A. Lapôtre. *Études d'histoire pontificale. Le pape Jean VIII: Études religieuses des Pères de la Compagnie de Jésus,* LIII, p, 252-287.

9. J. von Pflugk-Harttung. *Ueber Archiv und Registerbücher der Päpste: Zeitschrift für Kirchengeschichte,* XII, p. 248-278.

10. K. Uhlirz. *Zur Beurtheilung der Bulle Johanns XIII für Meissen: Mittheilungen des Instituts für œsterreich. Geschichtsforschung,* XVI, p. 508-518.

Jean XIII pour Meissen que M. E. von Ottenthal[1] rejette comme
fausse et considère comme copiée sur un privilège pour Hersfeld.
C'est encore de bulles fausses mises sous les noms des papes
Symmaque, Léon VII, Eugène II et Benoît VI qu'il s'agit dans un
mémoire de M. Hauthaler[2].

Sur diverses bulles de Benoît VII interpolées, on consultera des
mémoires de MM. Sauerland[3] et Sackur[4]. M. Erben[5] a établi
l'authenticité d'un privilège de Jean XV pour Selz. On doit à M. H.
Bresslau[6] une étude critique des plus minutieuses des actes
originaux des papes jusqu'au xie siècle. La bulle sur papyrus la plus
récente dont on ait mention est une bulle de Victor II, de l'an 1057,
pour Selva Candida, vidimée par Grégoire IX. M. Bresslau se pro-
nonce contre l'originalité du privilège de Jean XVIII de l'an 1005 pour
Paderborn qu'on a considéré comme la plus ancienne lettre pontificale sur parchemin. C'est à Jean XIX que remonte, d'après M. J.
von Pflugk-Harttung[7] le plus ancien exemple de réglure d'une bulle
pontificale. Du même savant un mémoire sur la formule *Scriptum*[8].
On peut mentionner ici les études de M. Gundlach[9] sur la lutte
des évêchés d'Arles et de Vienne, parce qu'il y est spécialement
question du recueil des *Epistolæ Arelatenses* et des registres de Grégoire VII. Sur deux lettres du même pape voyez un mémoire de
M. Schäfer[10]. M. J. von Pflugk-Harttung[11] a démontré la fausseté des

---

1. E. von Ottenthal. *Die Quelle der angeblichen Bulle Johannus XIII für Meissen : Ibid.*, X, p. 611-617.
2. P. Willibald Hauthaler. *Die Ueberlieferung der gefälschten Passauer Bullen und Briefe : Mittheil. des Inst. f. öst. Gesch.*, viii, p. 601-608.
3. H. V. Sauerland. *Trierer Geschichte. Quellen des 11. Jahrhunderts.* Trier,
Paulinusdruckerei, 1889, in-8, viii-212 p.
4. Ernst Sackur. *Der Rechtsstreit der Klöster Waulsort und Hastière. Ein
Beitrag zur Geschichte mittelalterlicher Fälschungen : Deutsche Zeitschrift für
Geschichtswissenschaft*, II, p. 341-389. — Voyez aussi Lahaye : *Etude sur l'abbaye
de Waulsort.* Liège, 1890, in-8. (Extr. du *Bulletin de la Société d'art et d'histoire
du diocèse de Liège.*)
5. W. Erben. *Die Anfänge des Klosters Selz : Zeitschrit für die Geschichte des
Oberrheins N., F., VII*, p. 1-37.
6. H. Bresslau. *Papyrus und Pergament in der päpstlichen Kanzlei bis zum
Mitte des 11. Jahrhunderts. Ein Beitrag zur Lehre von den älteren Papsturkunden : Mittheilungen des Instituts für œsterreich. Geschichtsforschung, IX*, p. 1-33,
7. J. von Pflugk-Harttung. *Die Liniierung der älteren Papsthullen : Römische
Quartalschrift*, II, p. 368-387.
8. Du même. *Die Scriptumformel auf Papsturkunden : Archivalische Zeitschrift, XIII*, p. 45-56.
9. Wilhelm Gundlach. *Der Streit der Bisthümer Arles und Vienne um den Pri-
matus Galliarum.* Hannover, Hahn, 1890, in-8, xxii-294 p.(Extr. du *Neues Archiv,
XIV*, p. 251-342 ; XV, p. 9-102.) — Cf. Abbé Duchesne, dans *Bulletin critique,
XII*, p. 241, et *Acad. des Inscript., Comptes rendus*, 1891, p. 186.
10. D. Schäfer. *Zur Datierung zweier Briefe Gregors VII : Neues Archiv, XVII*,
p. 418-424.
11. J. von Pflugk-Harttung. *Drei Breven päpstlicher Machtfülle im XI und XII
Jahrhundert : Deutsche Zeitschrift für Geschichtswissenschaft, X*, p. 323-331.

bulles de Grégoire VII, Hadrien IV et Alexandre III pour l'Irlande.

Sous le pontificat d'Urbain II, le chancelier Jean Caetani restaura l'ancien style épistolaire romain, ou *cursus*, dont il emprunta le modèle aux lettres du pape Léon Ier [1]. M. Louis Havet [2] a rattaché ce *cursus* à la prose de Symmaque. L'introduction au Bullaire de Calixte II de M. U. Robert [3] contient une étude complète sur la chancellerie et la diplomatique de ce pape. M. l'abbé Batiffol a présenté sur des bulles de Calixte II qui, d'après lui, auraient été fabriquées à Catanzaro, que'ques observations auxquelles a répondu M. U. Robert [4]. M. Dieterich [5] a disserté sur une bulle fausse de Honorius II pour le monastère de Paulinzelle.

On trouvera quelques remarques sur les caractères extérieurs des privilèges d'Innocent II dans un mémoire de M. Tangl [6] sur le livre de fondation du monastère de Zwettl.

M. Davidsohn [7] a fait connaître les renseignements qu'il a puisés dans un rouleau de l'Archivio di stato de Florence relatif à un procès entre l'abbaye de Passignano e. le curé de Figline, sur un bureau installé au Latran et où dès la fin du xiie siècle l'on enregistrait les pétitions adressées à la cour romaine. Cette note est à rapprocher du mémoire que M. Auvray [8] a consacré à un traité des requêtes en cour de Rome, dont il a signalé deux manuscrits, l'un à Tours, l'autre à la Bibliothèque nationale, écrit en 1226 ou 1227 par le cardinal Guala Bichieri. M. L. Delisle [9] a critiqué un privilège d'Innocent III pour le prieuré de Lihons; c'est un prétendu original; et si l'on ne peut le condamner absolument, au moins les formules insolites permettent-elles de douter de la régularité de son expédition à la chancellerie romaine.

1. L. Duchesne. *Notes sur l'origine du « Cursus » ou rythme prosaïque suivi dans la rédaction des bulles pontificales* : *Biblioth. de l'École des Chartes*, L, p. 161-163.

2. Louis Havet. *Les origines métriques du Cursus* : *Ibid.*, LIII, p. 212.

3. Ulysse Robert. *Bullaire du pape Calixte II (1119-1124). Essai de restitution.* Paris, Picard, 1891, 2 vol. in-8, c-397 p., 535 p., 4 pl. en phototypie. — *L'Histoire du pape Calixte II* du même auteur contient le fac-simile du concordat de Worms d'après l'exemplaire des Archives du Vatican.

4. *Bulletin de la Société nationale des Antiquaires de France*, 1891, p. 184-186.

5. J. Dieterich. *Ueber Paulinzeller Urkunden und Sigebotos Vita Paulinæ* : *Neues Archiv*, XVIII, p. 447-489.

6. M. Tangl. *Studien ueber das Stiftungsbuch des Klosters Zwettl* ; *Archiv für österreichische Geschichte*, 76, p. 261-348.

7. R. Davidsohn. *Das Petitions-Büreau der päpstlichen Kanzlei am Ende des 11. Jahrhunderts* : *Neues Archiv*, XVI, p. 638-639.

8. L. Auvray. *Note sur un traité des requêtes en cour de Rome du XIIIe siècle* : *École franç. de Rome, Mélanges*, X, p. 112-117, p. 251-252.

9. L. Delisle. *Examen du privilège d'Innocent III pour le prieuré de Lihons* : *Biblioth. de l'École des Chartes*, LVII, p. 517-528, 1 pl. en phototypie.

M. Davidsohn [1] a publié les pièces d'un procès qui fut débattu à Florence en 1246 et qui reposait sur une bulle d'Honorius III, attaquée comme fausse par l'une des parties et soumise à l'examen d'une commission nommée par le pape. Une prétendue bulle de Grégoire IX a donné lieu à une étude de M. F. Gauduel [2].

On doit à M. G. Digard [3] d'avoir démontré la fausseté et déterminé les causes et la date de la composition de la bulle d'Innocent IV excluant de tous les bénéfices ecclésiastiques les professeurs de droit civil et interdisant l'enseignement du droit romain. M. Chroust [4] a publié une lettre d'Hadrien V du 30 juillet 1276 mentionnant expressément l'emploi par la chancellerie romaine, pour sceller les actes avant la consécration d'un pape, d'une bulle sans le nom du pape. M. Baumgarten [5] a fait une conférence, un peu superficielle, sur le registre perdu de Célestin V. Comment les lettres pontificales étaient closes au xive siècle, telle est la question qu'a examinée M. Kaindl [6].

Toute une série de livres et de mémoires concernent les formulaires de la chancellerie pontificale aux xiiie et xive siècles. Le formulaire de la pénitencerie publié par M. Ch. Lea [7] date de la fin du xiiie siècle. M. Tangl [8] a formé un recueil de toutes les ordonnances rendues par le pape ou le vice-chancelier, de Célestin III à Alexandre VI, relativement à l'organisation de la chancellerie et à l'expédition des affaires. Le *Liber provincialis*, composé dans la première moitié du xiiie siècle, et qui contient un catalogue des évêchés et des titres cardinalices, puis un formulaire et des actes du concile de Lyon de 1245, a été étudié par M. Simonsfeld [9]. Le même auteur [10] a fait

1. R. Davidsohn. *Process wegen Fälschung einer päpstlichen Bulle : Neues Archiv*, XIX, p. 232-235.

2. F. Gauduel. *Étude historique et critique au sujet d'une prétendue bulle du 20 décembre 1239 attribuée au pape Grégoire IX et d'une bulle inédite du pape Innocent IV datée de Lyon le 20 décembre 1246 : Bulletin de la Société de statistique... du dép. de l'Isère*, 3e sér., XIV, p. 321-357.

3. Georges Digard. *La papauté et l'étude du droit romain au XIIIe siècle à propos de la fausse bulle d'Innocent IV « Dolentes » : Biblioth. de l'École des Chartes*, LI, p. 381-419.

4. A. Chroust. *Ein Brief Hadrian V : Neues Archiv*, XX, p. 233.

5. P. Baumgarten. *Il regesto di Celestino V. Conferenza*. Chieti, tip. arcivescovile, 1896, in-8, 15 p.

6. R. F. Kaindl. *Ueber den Verschluss der päpstlichen Documente im XIII Jahrhundert : Römische Quartalschrift*, VII, p. 492 et suiv..

7. *A formulary of the papal penitentiary in the thirteenth century*. Edited by Henr, Charles Lea. Philadelphia, Lea, 1892, in-8, xxxviii-183 p., 1 fac s.

8. M. Tangl. *Die päpstlichen Kanzleiordnungen von 1200-1500*. Innsbruck, Wagner, 1894, in-8, lxxxi-461 p.

9. H. Simonsfeld. *Beiträge zum päpstlichen Kanzleiwesen im Mittelalter und zur Geschichte des 14 Jahrhunderts : Sitzungsberichte der philos.-philolog.und histor. Classe der k. b. Akademie der Wissenschaften zu München*, 1890, II, p. 248-284.

10. Du même. *Neue Beiträge*, etc. : *Ibid.*, XXI, p. 333-425.

connaître un manuscrit de Munich, compilé entre 1363 et 1371 et qui renferme la transcription d'un formulaire de l'*Audientia littera-rum contradictarum*.

M. Tadra [1] a publié un autre formulaire de même nature, conservé à la bibliothèque capitulaire de Prague.

C'est encore de la chancellerie pontificale aux xiiie et xive siècles qu'il s'agit dans un mémoire de M. Teige [2]; on y trouve la publication d'un texte du xiiie siècle « de petitionibus que fiunt pro litteris impetrandis super beneficiis », tiré du ms. 2001 du Vatican, et un formulaire, d'après le ms. Ottoboni 778 donnant les règles suivies à la chancellerie sous Jean XXII, Clément VI et Urbain V. Les taxes prélevées pour l'expédition des bulles sont mentionnées pour la première fois au temps d'Innocent III. M. Tangl a trouvé une liste de textes remontant au pontificat d'Alexandre IV. Les droits prélevés par la chancellerie pontificale s'élevèrent peu à peu ; Jean XXII établit un nouveau tarif. Il y eut au temps du schisme une certaine désorganisation. Eugène IV vers 1450 fit procéder à l'établissement d'un nouveau tarif qui a été imprimé en 1479. M. Tangl [3] a suivi les variations de ces taxes depuis le xiiie siècle jusqu'au milieu du xve siècle et publié divers documents inédits, entre autres un « Liber taxarum cancellariæ apostolicæ paparum Avenionensium tempori- bus ». M. Haller [4] a imprimé des listes des officiers de la chancellerie avec l'indication de leurs fonctions. On doit à M. E. von Ottenthal [5] la publication des règles de la chancellerie pontificale de Jean XXII à Nicolas V.

On en rapprochera l'édition donnée par M. Erler [6] d'un formulaire composé en 1380 par Dietrich von Nieheim et qui contient de précieux renseignements sur l'expédition des lettres apostoliques ; il en

1. Ferd. Tadra. *Kniha protokolů auditorů papežských z konce 14 století* [un for mulaire des auditeurs pontificaux de la fin du XIVe siècle] : *Vestník*, etc. = *Sitzungs berichte der k. böhmischen Gesellschaft der Wissenschaften. Classe für Philos. Gesch. und Philologie*, Prag, 1893.

2 Joseph Teige. *Beiträge zum päpstlichen Kanzl-iwesen des XIII und XIV Jahrhunderts : Mittheilungen des Instituts für œsterreich. Geschichtsforschung* XVII, p. 408-440.

3. M. Tangl. *Das Taxwesen der päpstlichen Kanzlei vom 13. bis zur Mitte des 15. Jahrhunderts : Mittheilungen des Instituts für œsterreich. Geschichtsforschung*, XIII, p. 1-106.

4 J. Haller. *Zwei Aufzeichnungen über die Beamten der Curie im 13 und 14 Jahrhundert: Quellen und Forschungen aus italienischen Archiven und Bibliotheken herausgeb. vom k. preussischen histor. Institut in Rom*, I, p. 1-38.

5. *Regulæ cancellariæ apostolicæ. Die päpstlichen Kanzleiregeln von Johannes XXII bis Nicolaus V, gesammelt und herausgegeben von E. von Ottenthal*. Innsbruck, Wagner, 1888, in-8, LII-317 p.

6. *Der Liber cancellariæ apostolicæ vom Jahre 1380 und der Stilus vulati abbreviatus Dietrichs von Nieheim, herausgegeben von G. Erler*. Leipzig, Veit, 1888, in-8. xxx-234 p.

a emprunté le texte au ms. lat. 4169 de la Bibliothèque nationale de
Paris. Un second manuscrit, de la bibliothèque de l'Université de
Bâle, et dont M. Altmann [1] a donné des extraits, renferme le même
formulaire. M. Tangl [2] a signalé un troisième manuscrit à la Bibliothèque Barberini, plus complet que les précédents. Un autre formulaire (cod. Barberin. XXXI, 11), également du xive siècle, composé
après la mort de Jean XXII, a été étudié par M. Kirsch [3]. M. Donabaum [4] a décrit les treize registres brouillons du xive siècle conservés
aux Archives vaticanes. A signaler encore les remarques de M. Kehr [5]
sur les registres de suppliques du xive siècle. Une innovation dans
les règles de la chancellerie qui remonte à Clément VII a été remar-
quée par M. Tangl [6] : dans les registres, une même lettre a souvent
deux dates, celle de l'expédition, puis celle de la remise à l'intéressé.
Parmi les monographies relatives à la diplomatique d'un pape déterminé du xive siècle, nous signalerons la table que M. Eubel [7] a
dressée du registre de l'antipape Nicolas V.

M. Fournier [8] a démontré la fausseté de la bulle de Jean XXII *Ne
prætereat*, publiée pour la première fois par Daunou dans son
Essai sur le pouvoir temporel des papes. Il est très vraisemblable
que ce faux a été rédigé dans la chancellerie de Naples sous le
pontificat même de Jean XXII et que son existence a été divul-
guée vers 1331 par les Franciscains rebelles, en vue de faire
obstacle au projet d'une réconciliation entre Louis de Bavière et
Jean XXII.

Pour la diplomatique pontificale des xve et xvie siècles, nous mentionnerons l'étude de M. E. von Ottenthal [9] sur le registre d'Eugène IV ; une étude de M. Mayr-Adlwang [10] sur les comptes de dé-

1. W. Altmann. *Bruchstücke aus dem « Liber cancellariæ apostolicæ »* nach
einer bisher unbekannten Handschrift : Neues Archiv, XV, p. 418-422.
2. M. Tangl. *Der vollständige Liber cancellariæ des Dietrich von Nieheim :
Mittheilungen des Instituts für œsterreich. Geschichtsforschung,* X, p. 464-466.
3. J.-P. Kirsch. *Formelbuch der päpstlichen Kanzlei aus der Mitte des 14. Jahrhunderts : Historisches Jahrbuch,* XIV, p. 811-820.
4. J. Donabaum. *Beiträge zur Kenntniss der Kladdenbände des 14. Jahrhunderts
im Vaticanischen Archiv. Mit einem Facsimile : Ibid.,* XI, p. 101-118.
5. P. Kehr. *Bemerkungen zu den päpstlichen Supplikenregistern des 14. Jahrhunderts, mit einem Facsimile : Ibid.,* VIII, p. 84-102.
6. M. Tangl. *Rückdatirung in Papsturkunden : Ibid.,* XV p. 128-130.
7. P. Konrad Eubel. *Der Registerband des Gegenpapstes Nikolaus V in Reges-
tenform veröffentlicht : Archivalische Zeitschrift,* N. F., IV, p. 123-212.
8. P. Fournier. *Une fausse bulle de Jean XXII : Revue des questions historiques,*
XLVI (1889), p. 572-582.
9. E. von Ottenthal. *Das Kanzleiregister Eugens IV : Mittheilungen des österreich.
Geschichtsforschung,* Ergänz.-Band III, p. 385-396.
10. M. Mayr-Adlwang. *Ueber Expensenrechnungen für päpstliche Provisionsbul-
len des 15. Jahrhunderts : Mittheilungen des Instituts für œsterreich. Geschichtsforschung,* XVII, p. 71-108.

penses pour les bulles de provisions ; un mémoire du Dr L. Schmitz [1]
sur les registres où étaient consignés les ordonnances générales et
les dispenses au sujet des ordres à conférer, ainsi que les procès-
verbaux des ordinations faites en cour de Rome.

Le même savant [2] a étudié les suppliques ou signatures en cour de
Rome. M. Th. von Sickel [3] a publié une série de recherches sur les
archives et la chancellerie romaines dans la seconde moitié du
xvie siècle. M. Teige [4] a donné des notes diplomatiques sur les rescrits pontificaux.

Si la chancellerie pontificale a été l'objet d'un grand nombre
d'études, il ne semble pas qu'il en ait été de même des autres
chancelleries italiennes. La rareté des actes des rois lombards (il n'y
en a même qu'un seul dont l'original ait été conservé, encore n'est-
ce peut-être qu'une copie ancienne) n'a pas découragé le Dr Chroust [5]
dans ses recherches sur la diplomatique de ces souverains. M Cipolla [6]
a étudié le prétendu diplôme de 895 par lequel Bérenger aurait
permis la destruction du théâtre antique de Vérone.

Un diplôme du même roi du 15 février 896, confirmant les possessions concédées en Italie par Charlemagne à Saint-Martin de Tours a
été démontré faux par M. E. Mühlbacher [7], qui en rapporte la composition au xe siècle, antérieurement à 998. Signalons une étude du
professeur Majocchi [8]. On doit à M. Hartmann [9] deux mémoires qui
renferment des observations diplomatiques, dont l'un est consacré
à un recueil de baux de Ravenne, dont la formation remonte au
dernier quart du xe siècle, et l'autre à un acte d'une corporation

1. Dr L. Schmitz. *Die libri Formatarum der Camera apostolica* : *Römische
Quartalschrift*, VIII, p 451-472.

2. D. L. Schmitz. *Nactrag z d. Publicat a.d. päpstlichen Registerbänden des 13-
15 Jahrh.* 1894, *Römische Quartalschrift*, VII. p. 492 et suiv.

3. Th. von Sickel. *Römische Berichte*. I, II. : *Sitzungsberichte der philol.-histor.
Classe der Akademie der Wissenschaften*. (Wien), CXXXIII, ix, Abhandlung CXXXV,
x. Abhandlung.

4. Josef Teige. *Příspěvky k diplomatice reskriptů papežkých*, I. Prague, Bac-
kovsky, 1896, gr in-8, xc-123 p.

5. Dr A. Chroust. *Untersuchungen über die langobardischen Königs- und Her-
zogs-Urkunden*. Graz, 1888, gr in-8, vi 212 p.

6 Carlo Cipolla. *Di un falso diploma di Berengario I* : *Atti della r. Accad.
delle scienze di Torino*, XXXII, p 1061-1078.

7. Prof. E. Mühlbacher. *Un diplôme faux de Saint-Martin de Tours* : *Mélanges
Julien Havet*, p. 131-148.

8. Prof. Rodolfo Majocchi. *Un diploma inedito di re Lotario riguardante la città
di Como* ,20 agosto 949) : *Miscellanea di storia italiana, terza serie*, III (1897),
p 79-89.

9. Lud. Mor. Hartmann. *Bemerkungen zum codex Bavarus* : *Mittheilungen des
Instituts für österreich. Geschichtsforschung*, XI, p. 361-372. — Du même. *Ur-
kunde einer römischen Gärtnergenossenschaft vom Jahre 1030. Mit Einleitung und
Erläuterung.* Freiburg in B., Mohr, 1892, in-4°, 49 p.

romaine de l'an 1030. Aux x⁰ et xɪ⁰ siècles se rapportent plusieurs études de M. C. Cipolla [1].

On trouvera sous le titre de *De curialium neapolitanorum sub ducibus ordine, officio et ritibus ac de varia actorum ab eis perscriptorum specie, nomenclatura et forma*,une étude diplomatique sur les notaires du duché de Naples dans les *Monumenta* de M. Capasso [2], sans parler d'un grand nombre de fac-similés intéressants pour l'histoire de l'écriture dans l'Italie méridionale aux x⁰ et xɪ⁰ siècles.

A propos des lettres de Cola di Rienzo, M. Gabrielli [3] a tracé une esquisse de l'épistolographie au moyen âge, tant en Italie qu'en France, et spécialement montré les rapports entre l'*ars notaria* et l'*ars dictandi* M. Gaudenzi [4] a publié le traité de l'art épistolaire composé par Guido Faba vers 1230.

M. Frati [5] a donné les rubriques d'un formulaire de la chancellerie de François Sforza, conservé à la bibliothèque de l'Université de Bologne.

La publication des *Regesta imperii* [6] étant la base de toute étude sur la diplomatique des souverains allemands, bien qu'il n'entre pas dans notre plan de dresser la bibliographie des catalogues et publications d'actes, il convient de les mentionner ici. D'autant plus que c'est la confection de ces *Regesta*, comme celle des *Diplomata* des

1. Carlo Cipolla. *Di Audace vescovo di Asti e di due documenti inediti che lo riguardano* : Miscellanea di storia italiana, XXVII (2ᵃ ser., XII, 1889), p. 133 334. — Du même. *Le più antiche carte diplomatiche del monastero di S. Giusto di Susa (1029-1212)* : Bullettino dell'Istituto storico italiano, n° 18 (1896), p. 7-115, pl. en phototypie. [La planche reproduit une charte de 1029.]— Voyez plus haut l'indication d'un mémoire de M. Cipolla sur Brunengo, évêque d'Asti.

2. *Monumenta ad Neapolitani ducatus historiam pertinentia quae partim nunc primum partim iterum typis vulgantur cura et studio* Bartholomaei Capasso, *cum ejusdem notis ac dissertationibus.* Neapoli, Giannini, 1881-1892, 3 vol. in-4°, I. xxvɪɪɪ-351 p., 9 pl. en phototype ; II, parte I, 444 p., pl. IX-XII ; II, parte II, xɪɪ-324 p., pl. XII-XXII. (Società Napoletana di storia patria.) La dissertation visée occupe les pages 112-133 de la 2ᵉ partie du tome II.

3. A. Gabrielli, *L'epistole di Cola di Rienzo e l'epistolografia medievale :* Archivio della r. Società romana di storia patria, XI, p. 381-479.

4. Augusto Gaudenzi, *Guidonis Fabe Summa dictaminis :* Il propugnatore, N. S , III (1890), parte I, p. 287-338 ; parte II, p. 345-393.

5. Lodovico Frati, *Un formulario della cancelleria di Francesco Sforza duca di Milano :* Archivio storico Lombardo, XVIII (ser. 2, VIII, 1891), p. 364 391.

6. Voyez plus haut l'indication des *Regesta* des souverains carolingiens. — I. F. Böhmer. *Regesta imperii.* — II. *Die Regesten des Kaiserreichs unter den Herrschern aus dem sächsischen Hause, 919-1024, nach* Johann Friedrich Böhmer, *neu arbeitet von* Emil von Ottenthal: *Erste Lieferung.* Innsbruck, Wagner, 1893, in-4°, 252 p. — V. *Die Regesten der Kaiserreichs der späteren staufischen Periode, 1198-1272. Aus dem Nachlasse* J. F. Böhmers *neu herausgegeben und ergänzt von* Julian Ficker und Eduard Winkelmann, *1. bis 3. Abtheil.,* 1881-1892, in-4°. — *Additamentum primum ad Regesta imperii VIII. Erstes Ergänzungsheft zu den Regesten des Kaiserreichs unter Kaiser Karl IV, 1346-1378, von* Alfons Huber, Innsbruck, Wagner, 1889, in 4°, p. ɪ-ɪᴠ, 681-835

Contraste insuffisant
NF Z 43-120-14

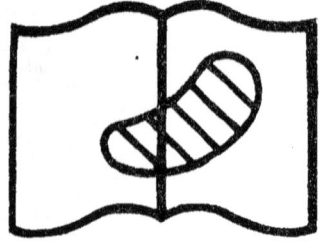

Illisibilité partielle

Valable pour tout ou partie
du document reproduit

Monumenta Germaniæ, série in-4°, sous la direction de M. von Sickel, qui a provoqué en Allemagne une remarquable floraison des études diplomatiques. M. Seeliger [1] a retracé l'histoire de l'archi-chancelier et de la chancellerie impériale depuis les Carolingiens : les résultats auxquels il est arrivé sont sur quelques points différents des conclusions de Mühlbacher et de M. Bresslau. On doit à M. P. Kehr [2] un catalogue des actes impériaux conservés en originaux aux archives du Vatican : le plus ancien diplôme est de Conrad II (1026 ?); l'auteur a fait une étude particulière des rouleaux de Cluny, qui sont, comme on le sait, la transcription des privilèges de l'Eglise romaine produite au concile de Lyon en 1245 par le pape Innocent IV.

Pour la période des Otton on consultera les observations de M. Erben [3] sur quelques actes des rois de ce nom. M. E. von Ottenthal [4] a soumis à l'examen un diplôme authentique d'Otton Ier en faveur des comtes de Bergame. M. P. Kehr [5] a consacré un volume spécial à la diplomatique d'Otton III, dont les conclusions sur plusieurs points diffèrent de celles de M. Erben [6] et de M. Th. von Sickel [7], ce dernier s'étant plus spécialement occupé de la chancellerie italienne jusqu'en 994 et ayant examiné plusieurs questions historiques relatives au dernier séjour de Théophanie en Italie ; il a particulièrement insisté sur l'itinéraire et les dates des diplômes et fait ressortir la rapidité des voyages royaux. M. K. Uhlirz [8] a recherché si la chancellerie avait fait une différence formelle entre l'intervention de Théophanie et celle des autres personnages dans les diplômes royaux, et si cette différence répondait à une situation et à un rôle particuliers.

On doit à M. Bresslau [9] une étude sur la diplomatique de Henri II.

1. Gerh. Seeliger. *Erzkanzler und Reichskanzleien. Ein Beitrag zur Geschichte des deutschen Reiches.* Innsbruck, Wagner, 1889. in-4°, vii-236 p.

2. P. Kehr. *Die Kaiserurkunden des Vaticanischen Archivs : Neues Archiv*, XIV, p. 343-376.

3. W. Erben. *Nachträge zu dem zweiten Bande der Diplomata-Ausgabe* 1. *Eine angebliche Urkunde Otto's I. für das Kloster Rott.* II. *Eine Verwechslung Otto's III mit Otto IV.* III. *Das Vorladungsschreiben Otto's III an Abt Gerhard von S. Gatlen : Neues Archiv*, XX, p. 355-371. — Du même. *Excurse zu den Diplomen Otto's III : Mittheilungen des Instituts für œsterreich. Geschichtsforschung*, XIII, p. 527-586.

4. E. von Ottenthal. *Ein ineditum Otto's I für den Grafen von Bergamo von 970 : Mittheilungen des Instituts für œsterreich Geschichtsforschung*, XVII, p. 35-47.

5. P. Kehr. *Die Urkunden Otto's III.* Innsbruck, Wagner, 1890, in-8, xiv-308 p.

6. Cité plus haut.

7. Th. von Sickel. *Erläuterungen zu den Diplomen Otto's III : Mittheilungen des Instituts für œsterreich. Geschichtsforschung*, XII, p. 209-245, 369-431.

8. K. Uhlirz. *Die Interventionen in den Urkunden des Königs Otto III bis zum Tode der Kaiserin Theophanu : Neues Archiv*, XXI, p. 115-137.

9. Harry Bresslau. *Erläuterungen zu den Diplomen Heinrichs II. Erster Abschnitt : Neues Archiv*, XX, p. 125-176 ; *Zweiter Abschnitt : Ibid.*, XXII, p. 137-221.

Des neuf diplômes concédés par Henri II au monastère de Michelsberg à Bamberg, M. H. Bloch [1] a démontré que trois étaient faux,
composés au XIIe siècle dans le but d'obtenir l'exemption de l'ordi-
naire. M. Bourgeois [2] a critiqué un diplôme de Henri II, du 22 novembre 1003, pour l'abbaye d'Épinal.

M. Cipolla [3], après avoir examiné un diplôme de Conrad II en faveur
de l'église de Saint-Vincent de Bergame, affirme que c'est bien un
original, contrairement à l'opinion de M. Bresslau.

On conserve à l'Archive d'État, à Modène, un diplôme original de
Henri IV, du 7 octobre 1095, pour le monastère de Pomposa, écrit en
lettres d'or sur parchemin pourpre : c'est le seul chrysographe du
XIe siècle qui ait été sûrement écrit dans la chancellerie impériale [4].

M. Bresslau a examiné plusieurs diplômes d'Henri V, l'un du 20
juin 1107, conservé en original aux archives de Meurthe-et-Moselle [5],
et deux autres de 1114 et 1118 [6], qui permettent de combler des
lacunes dans l'itinéraire de ce roi. Les recherches de M. Scheffer-
Boichorst [7] ont porté plus particulièrement sur la diplomatique des
rois de la maison de Hohenstaufen.

La diplomatique de Conrad III a fait l'objet de divers mémoires de
MM. Kehr[8], Ilgen[9] et Schum[10]. M. R. Sternfeld[11] a démontré l'authenticité et déterminé la date de plusieurs diplômes contestés, accordés

1. H. Bloch. *Die Urkunden Kaiser Heinrichs II für Kloster Michelsberg zu
Bamberg* : *Neues Archiv*, XIX, p. 603-663.
2. Bourgeois. *Un diplôme suspect de l'empereur Henri le Saint à l'abbaye d'É-
pinal* : *Bullet. histor. et philolog. du comité des travaux historiques*, 1895, p. 383-
388.
3. Carlo Cipolla. *Un diploma di Corrado II (Stumpf 1911)* ; *Atti della r. Accademia della scienze di Torino*. XXIX, p. 463-465.
4. H. Bresslau. *Zur Kanzlei Heinrichs IV* : *Neues Archiv*, XIX, p. 683-685.
5. Du même. *Ein unedirtes Diplom Heinrichs V* : *Neues Archiv*. XIII, p. 215-216.
6. Du même. *Ein Diplom und ein Placitum Heinrichs V* : *Neues Archiv*, XX,
p. 225-230.
7. P. Scheffer-Boichorst. *Kleinere Forschungen zur Geschichte des Mittelalters*.
X. Zu den mathildinischen Schenkungen. XI. Ueber einige Kaiserurkunden in
der Schweiz. XII. Drei ungedruckte Beiträge zu den Regesten Friedrichs I und
Heinrichs VI auf elsässischen Urkunden. XIII. Ueber Diplome Friedrichs I für
Cisterzienser-Klöster, namentlich in Elsass und Burgund. XIV. Zur Geschichte
Alfons' X von Castilien : *Mittheilungen des Instituts für œsterreich. Geschichtsforschung*, IX, p. 177-248.
8. P. Kehr. *Die Purpururkunde Konrads III für Corvei* : *Neues Archiv*, XV,
p. 363-384. — Du même. *Die Urkunden Konrads III für Corvei vom J. 1147* :
Mittheilungen des Instituts für œsterreich. Geschichtsforschung, XIII, p. 625-
633.
9. Th. Ilgen. *Die Schenkung von Kemnade und Fischbeck an Corvey i.J. 1147 und
die Purpururkunden Corveys von 1147 und 1151* : Ibid., XII, p. 602-617.
10. W. Schum. *Bemerkungen zu einigen Diplomen Konrads III* : *Neues Archiv*,
XVII, p. 619-620
11. Richard Sternfeld. *Vier verwandte Arelatische Diplome Konrads III* :
Mittheilungen, des Instit. f. österr. Gesch. XVII, p. 167 et suiv.

par Conrad III aux archevêques d'Arles et d'Embrun, à l'évêque de
Viviers, et aux seigneurs de Clérieu. L'étude de M. Tangl[1] sur deux
diplômes du monastère de Zwettl est une contribution à la diplomatique de Conrad III.

M. L. Delisle[2] a démontré qu'un diplôme de Frédéric II, prétendu
de 1218, avait été copié sur un diplôme authentique de l'abbaye de
Lure par un généalogiste désireux de complaire à Louis de Beaufre-
mont, créé prince d'Empire en 1758. M. Scheffer-Boichorst[3] a rapproché de ce diplôme un autre de 1224, et encore les faux d'un notaire de la fin du xiiie siècle, Egidio Rossi, pour la famille des Vene-
rosi ; à la suite il a imprimé quelques actes inédits de Frédéric Ier,
Henri VI et Otton IV. Le même savant est revenu dans un autre
mémoire[4] sur les faux d'Egidio Rossi.

M. Kretzschmar[5] a fait connaître les formulaires de la chancellerie de Rodolphe de Habsbourg. On en rapprochera un formulaire du
même temps tiré du ms. 329 de la bibliothèque du monastère d'Einsiedeln[6] et le formulaire dit de Baumgartenberg dans lequel un certain nombre de lettres, qu'on avait cru se rapporter aux relations de
Rodolphe avec le roi de France, se réfèrent plutôt, d'après M. Scheffer-
Boichorst[7], à Ladislas de Hongrie. Les signatures prétendues autographes de Rodolphe de Habsbourg, des rois Adolphe de Nassau et
Albert d'Autriche sont fausses[8]. L'étude de M. Seeliger[9] sur la chancellerie de Henri VII, sur les notaires en Italie et spécialement sur les
notaires caméraux, est intéressante, bien que les diplomatistes n'en
aient pas admis toutes les conclusions. Il est également douteux,

1. Tangl. *Studien über dem Stiftungsbuch des Klosters Zwettl: Archiv. für österr. Geschichte*, LXXVI, p. 264-348.
2. L. Delisle. *Instructions.* p. 53-59. (Voyez plus haut le titre du volume.)
3. P. Scheffer-Boichorst. *Beiträge zu den Regesten der staufischen Periode : Neues Archiv*, XX, p. 177-205.
4. Du même. *Eine ungedruckte Urkunde Friedrichs II über Borgo S. Donnino, zugleich als Quelle des Fälschers Egidio Rossi : Ibid.*, XX, p. 459-465.
5. Johann Kretzschmar *Die Formularbücher aus der Kanzlei Rudolfs von Habsburg.* Innsbruck, Wagner, 1889, in-8, 164 p.
6. O. Redlich. *Ein oberrheinisches Formelbuch aus der Zeit der ersten Habsburger : Zeitschrift für die Geschichte des Oberrheins*, XI, p. 1-35. — Cf. A. Cartellieri und O. Redlich. *Bemerkungen zu dem oberrheinischen Formelbuch : Ibid.*, p. 314-317.
7. P. Scheffer-Boichorst *Kleinere Forschungen zur Geschichte des Mittelalters.* XV. *Die ersten Beziehungen zwischen Habsburg und Hungarn; zur Kritik des Baumgartenberger Formelbuches.* XVI. *Zur Geschichtsschreibung von Cremona : Mittheilungen des Instituts für œsterreich. Geschichtsforschung*, X, p. 81-97.
8. M. Vancsa. *Angeblich eigenhändige Unterschriften deutscher Könige um die Wende des 13. und 14. Jahrhunderts: Mittheilungen des Instituts für œsterreich. Geschichtsforschung*, XVII, p. 666-668.
9. G. Seeliger. *Kanzleistudien.* II. *Das Kammernotariat und der archivalische Nachlass Heinrichs VII : Ibid.*, XI, p. 396-442.

comme l'a remarqué M. H. Bresslau, que sous Henri VII on ait tenu déjà
des registres à la chancellerie royale, comme l'a prétendu le même
savant [1]. Les registres les plus anciens sont ceux de Louis de Bavière
dont deux fragments sont conservés à Munich. Puis viennent ceux de
Charles IV, à Dresde. A partir de Ruprecht, la série, conservée aux
Archives de Vienne, est complète ; M. Seeliger l'a étudiée avec soin ;
il a démontré que l'enregistrement se faisait d'après les minutes ou
les expéditions, mais avant la remise aux intéressés des expéditions
originales portant la mention de l'enregistrement. De la chancellerie
de Louis de Bavière, l'on ne possède plus de formulaires, sinon
un très court fragment inséré dans l'un de ses registres et qu'a publié
M. H. Bresslau [2]. La forme extérieure des lettres de Louis de Bavière,
le mode de scellement, le monogramme, les signes de validation,
les notes de chancellerie ont été étudiés, surtout d'après les originaux
conservés à Dresde, par M. Lippert [3]. Il suffit de citer pour mémoire
la dissertation de M. Schaus [4]. Signalons une dissertation de
M. Zimmermann [5] sur la formule de date dans les actes de
l'empereur Charles IV.

Mentionnons les notes de M. Seeliger sur les registres de Ruprecht [6].
Le même savant [7] a publié la plus ancienne ordonnance relative à
la chancellerie impériale, datée de Malines le 3 octobre 1434.

Pour la diplomatique allemande non royale, nous ne pouvons que
signaler les principaux travaux dont elle a été l'objet, en suivant
l'ordre alphabétique des personnages, des églises ou des localités
dont les actes ont été étudiés [8].

1. G. Seeliger. *Die Registerführung am deutschen Königshof bis* 1493 : *Mittheilungen des Instituts für œsterreich. Geschichtsforschung, Ergänzungsheft* III, p. 223-364.

2. H. Bresslau. *Formulare aus der Kanzlei Ludwigs des Bayern : Neues Archiv*, XIV, p. 432-434.

3. W. Lippert. *Zur Geschichte Kaiser Ludwigs des Bayern : Mittheilungen des Instituts für œsterreich. Geschichtsforschung*, XIII, p. 587-618.

4. E. Schaus. *Zur Diplomatik Ludwigs des Bayern.* München, A. Bucholz, 1894, in-8, IV-57 p.

5. F. Zimmermann. *Die Datirungsformel in Urkunden Kaiser Karles IV.* Helmstedt, Schmidt, 1889, VI-68 p. (Dissert. Berlin.)

6. G. Seeliger. *Aus Ruprechts Registern : Neues Archiv*, XIX, p. 236-240.

7. Du même. *Die älteste Ordnung der deutschen Reichskanzlei*, 1994, *Oktober* 3, *Mecheln : Archivalische Zeitschrift*, XIII, p. 1-7.

8. Wichmann. *Adalbêros I Schenkungsurkunde für den Arnulfskloster und ihre Fälschung : Archiv für Lothr. Gesche.* II, p. 306-319, fac-s. (Il s'agit d'une donation d'Adalbéron, évêque de Metz, au monastère de Saint Arnoul.) — B. Kronthal. *Zur Geschichte des Klosters St Blasien im Schwarzwald.* (Dissert Breslau.) Breslau, Schatzky, 1888, in-8, 28 p. — L. Lewinski. *Die brandenburgische Kanzlei und das Urkundenwesen während der Regierung der beiden ersten Hohenzollernschen Markgrafen* (1411-1470). Strassburg, Heitz, 1893, in 8, VII-188 p.) — L. von Heinemann. *Die älteren Diplome für das Kloster Brogne und die Abfassungszeit der Vita Gerardi : Neues Archiv*, XV, p. 592-596. — O. Posse. *Die Jubi-*

Nous indiquerons encore quelques travaux qui se rattachent à la diplomatique allemande : le mémoire dans lequel M. Seemüller [1] démontre qu'une charte du 12 novembre 1221, publiée comme l'un des plus anciens actes rédigés en allemand, ne remonte pas au delà du xive siècle ; l'étude de M. Vanossa [2], sur l'introduction de l'usage de la langue allemande dans les actes ; l'étude de M. Birlin-

läumsurkunde vom Jahre 1143, diplomatisch untersucht : Mittheilungen des Vereins für Chemnitzer Geschichte, 1893, p. xiii-xvi (Festschrift). — *Ueber die Echtheit einiger Urkunden zur Geschichte von Coblenz : Monatsblätter herausgegeben von der Gesellschaft für Pommersche Geschichte und Alterthumskunde*, n° 7, p. 108-109 ; n° 8, p. 121-124. — H. Simonsfeld. *Ein Freisinger Formelbuch der Münchener Hof- und Staatsbibliothek : Archivalische Zeitschrift*, N. F., III, p. 145-155. — A. Dopsch. *Zu den Fälschungen Eberhard's von Fulda : Mittheilungen des Instituts für österreich. Geschichtsforschung*, XIV, p. 327-329. — O. Heinemann. *Beiträge zur Diplomatik der älter. Bischöfe von Hildesheim* (1130-1246). Marburg, Elwert, 1894, in-8, x-175 p. — Dr F. Wagner. *Zum Kanzlei- und Archivwesen der fränkischen Hohenzollern von Mitte des 15, bis zur Mitte des 16. Jahrhunderts : Archivalische Zeitschrift*, XIII, p. 95-106 — R. Knipping. *Beiträge zur Diplomatik der Kölner Erzbischöfe des 12. Jahrhunderts.* (Dissert. Bonn.) Bonn, 1889, in-8, 30 p. — H. Witte. *Zur Geschichte des Deutschtums in Lothringen : Jahrbuch für Geschichte, etc. Lothringens*, II, p. 231-300 (Dissert. Strasbourg, 1890). [Les actes du diocèse de Metz au xve siècle sont rédigés tantôt en allemand, tantôt en français.] — H. Simonsfeld. *Ein Freisinger Formelbuch der Münchener Hof- und Staatsbibliothek : Archivalische Zeitschrift*, N. F., III, p. 145-155. — B. Stehle. *Ueber ein Hildesheimer Formelbuch vornehmlich als Beitrag zur Geschichte des Erzbischofs Philipp I von Köln* (1167-1191). Diss. Sigmaringen Tappen. 1878 in-8, 67 p. — W. Brehmer. *Zeitschrift des Vereins für lübeckische Geschichte*, VI, p. 515-535. [Etude sur des faux du syndic de Lübeck et du prévôt de la cathédrale.] — K. Schaube. *Zur Erklärung der Urkunden vom Jahre 1100 betr. Marktgründung in Radolfzell : Zeitschrift für die Geschichte Oberrheins*, XI, p. 296-300. — Buck. *Die rätoromanischen Urkunden des 8-10 Jahrhunderts : Zeitschrift für romanische Philologie*, XI, p. 107-117. — B. Bretholz. *Studien zu den Traditionsbüchern von S. Emmeram in Regensburg : Mittheilungen des Instituts für österreich. Geschichtsforschung*, XII, p. 1-45. — R. Schröder. *Arno Erzbischof von Salzburg und das Urkundenwesen seiner Zeit : Neue Heidelberg. Jahrbücher*, II, p. 165-171. [Formulaire de Salzburg.] — W. Erben. *Untersuchungen zu den Codex traditionum Odalberts : Mittheilungen der Gesellschaft für Salzburger Landeskunde*, 29, p. 454-480. [Odalbert, archev. de Salzburg, 923-935.] — J. Johannsen. *Die Reinfelder Gründungsurkunden*, Kieler-Diss. 1896, in-8, 58 p., 1 pl. — M. Unterlauff. *Ein schlesisches Formelbuch des 14. Jahrhunderts : Zeitschrift des Vereins für Geschichte und Alterthum Schlesiens*, XXVII, p 310-355. — Paul Scheffer-Boichorst. *Der kaiserliche Notar und der Strassburger Vicetum Burchard, ihre wirklichen und angeblichen Schriften : Zeitschrift für die Geschichte Oberrheins*, N. F., IV (1889), p. 456-477. — K. Hampe. *Zur Datierung der Briefe des Bischofs Frothar von Toul : Neues Archiv*, XXI, p. 747-760. — H. von Voltelini. *Beitrag zur Geschichte Tirols. I. Zur geistlichen Verwaltung der Diözese Trient im 12. und 13. Jahrhundert : Zeitschrift des Ferdinandeums*, 1889, p 3-488. [Remarques sur la diplomatique des évêques de Trente.] — A. Schulte. *Die Urkunde Walahfrid Strabos von 843, eine Fälschung : Zeitschrift für die Geschichte des Oberrheins*, III, p. 345-353.

1. J. Semüller. *Ueber die angeblich älteste deutsche Privaturkunde : Mittheilungen des Instituts für österreich. Geschichtsforschung*, XVII, p. 310-315.

2. Vanossa. *Das erste Auftreten der deutschen Sprache in den Urkunden*. Leipzig, 1895, in-8, 138 p. (Fürstl. Jablonowski Gesellschaft zu Leipzig, XXX.)

ger [1] sur l'onomastique des actes rhénans, et celle de M. Henning [2] sur les noms de lieux en *as* dans les actes latins.

Les efforts des diplomatistes bohémiens se sont surtout portés sur les formulaires. Le Dr Loserth [3] a publié un formulaire du temps du roi Venceslas II, c'est-à-dire de la fin du xɪɪɪᵉ siècle. Le Dr J. Lulvès [4] a étudié un formulaire de la chancellerie du roi Charles IV, composé par Jean de Neumarkt, que M. Tadra a publié [5]. A M. Tadra [6] on doit un travail sur un formulaire de notaire du xɪvᵉ siècle tiré d'un manuscrit de l'Université de Prague, et un livre [7] sur les chanceliers et notaires en Bohême au xɪvᵉ siècle. Citons encore le mémoire de M. Schlesinger [8] relatif à deux formulaires réunis dans un manuscrit de la bibliothèque de Breslau. M. Sedlacek [9] a publié le plus ancien acte en langue tchèque, du 27 décembre 1370. Les registres de la chancellerie de Bohême sous Ferdinand Ier ont été décrits par M. Kratochvil [10].

Pour la Hongrie, nous ne connaissons que le mémoire de M. Karacsonyi [11] sur les actes de saint Étienne (997-1038) et celui

1. A. Birlinger. *Beiträge zur Kunde mittelalterlicher Personennamen aus mittelrheinischen Urkunden : Zeitschrift für deutsches Altertum und deutsche Literatur*, XXXII, p. 128-137.

2. Rud. Henning. *Die Ortsnamen auf -as in den lateinischen Urkunden des Mittelalters : Zeitschrift für vergl. Sprachforschung*, XXXI, p. 297-308.

3. *Das St.Pauler Formular. Briefe und Urkunden aus der Zeit König Wenzels II gefunden und herausgegeben von* Dr Johann Loserth, *Herausgegeben vom Verein für Geschichte der Deutschen in Böhmen*, Prag, Dominicus, 1896, in-4°, ɪɪ-91 p.

4. Dr Joan Lulvès. *Die Summa cancellariæ des Johann von Neumarkt. Eine Handschriftenuntersuchung über die Formalbücher aus der Kanzlei König Karls* IV. Berlin, Mayer und Müller, 1891, in-8, vɪɪ-127 p.

5. Ferdinand Tadra. *Summa Cancellariæ (cancellaria Caroli IV). Formular kral. kancelare ceske XIV stoleti.* [*Formulaire de la chancellerie royale de Bohême du XIVᵉ s.*] : *Historicky Archiv ceske akademie cisare Frantiska Josefa. Cislo 6.* V. Praze, 1895, gr. in-8°, xʟvɪɪɪ-220 p. — Cf. un compte rendu de B. Bretholz, dans *Mittheilungen des Instituts für oesterreich. Geschichtsforschung*, XVII, p. 198-201.

6. Du même. *Listar verejneho notare ve XIV sto'eti.* [*Recueil de lettres d'un notaire public au XIVᵉ siècle.*]

7. Du même. *Kancelare a pisari vzemich ceskych za kralu z rodu Lucemburskeho Jana, Karla IV a Vaclava IV* (1310-1420). (Abhandlungen der böhmischen Akad., I Abth Nr. 2), Prag, 1892, in-8, 292 p. [Les chanceliers et notaires dans les pays bohémiens au temps des rois de la maison de Luxembourg, Jean, Charles IV et Wenceslas IV.] Cf. un compte rendu de Wl. Milkovic dans *Mittheilungen des Instituts für oesterreich. Geschichtsforschung*, XIV, p. 513-516.

8. L. Schlesinger. *Zwei Formelbücher des 14. Jahrhunderts aus Böhmen: Mittheilungen des Vereins für Geschichte der Deutschen in Böhmen*, XXVII, p. 1-36.

9. *Nejstarsi list ceskym jazyhem psany : Casopis musea kralovstvi ceskeho*, 61, p. 517-520.

10. V. Kratochvil. *Prispevek ku znamosti register kralovskych z doby Ferdinanda I : Casopis musea kralovstvi ceskeho*, LXVII (1893), p. 607-614.

11. J. Karacsonyi. *Die Urkunden Stephans des Heiligen und die Silvesterbulle : Ungarische Revue*, 1892, p. 284 et suiv.

de M. L. von Fejerpataky [1] sur les actes de Coloman (1095-1114). Ce dernier savant [2] a fait une étude d'ensemble sur les actes royaux et privés les plus anciens de la Hongrie. Spécialement il a montré que déjà sous Étienne II la chancellerie royale était organisée et expédiait des actes, ne se contentant plus d'apposer le sceau royal aux actes d'autres chancelleries, comme sous Coloman.

La diplomatique des rois de Pologne a été l'objet de diverses études de MM. Ketrzynski [3], Krzyzanowski [4] et Ulanowski [5].

Le chanoine Reusens [6] a consacré un mémoire détaillé aux chancelleries abbatiales, princières et épiscopales en Belgique.

Si les registres de la chancellerie des comtes de Hollande de 1316 à 1433 ont été souvent utilisés, ils n'avaient pas été jusqu'ici étudiés d'une façon aussi complète et détaillée qu'ils l'ont été par M. Th. van Riemsdijk [7] dans un mémoire consacré à Gerard Alewijnszoon, à qui est due l'organisation de l'enregistrement à la chancellerie hollandaise. Citons encore une contribution de M. S. Muller [8] à un cartulaire de l'église d'Utrecht, une étude de M. van Werveke [9] sur les chartes luxembourgeoises.

Dans une étude approfondie, M. Hans Olrik [10] a établi que si les deux

1. L. von Fejerpataky. *Die Urkunden des Königs Koloman* : *Ungarische Revue*, 1892, p. 715-724.

2. Laszlo Fejerpataky. *Oklevelek II Istvan kiraly korabol.* De Ertekezesek a történeti tudomanyok köreböl. Kiadja a magyar tudomanyos Akademia. XVI kötet, 4 szam. Budapest, 1894, in-8, 45 p. [*Actes du temps d'Étienne II.* Académie de Budapest, XVI, fasc. 4.] Cf. un compte rendu de A. Aldasy, dans *Mittheilungen des Instituts für østerreich. Geschichtsforschung*, XVII, p. 184-185.

3. W. Ketzynski. *Studyja nad dokumentami 12 wiehur* [Les actes polonais du XII° siècle] : *Anzeiger der Akad. der Wissenschaften in Krakau*, 1890, p. 251.

4. St. Krzyzanowski. *Dyplomy Boleslawa Wstydliw. dla katedry Krakowskiej.* [Les privilèges d'immunité de Boleslas V pour l'évêché de Cracovie) : Ibid., 1890, p. 19. — Du même. *Dyplomy i kancelaryja Przemyslawa II* [*Les diplômes et la chancellerie de Przémyslas II*) : Ibid. 1890, p 206. — Cf. un compte rendu de V. Kratochwil, dans *Mittheilungen des Instituts für østerreich. Geschichtsforschung*, XIV, p. 510-513.

5. *Libri formularum sæculi XV^{mi}. Edidit Boleslaus Ulanowski.* Cracoviæ, sumptibus Academiae litterarum, 1888, in-4°. (Starodawne Prawa Polskiego Pomniki, X, 1.)

6. Chan. Reusens. *Les chancelleries inférieures en Belgique, depuis leur origine jusqu'au commencement du XII° siècle : Analectes pour servir à l'histoire ecclésiastique de la Belgique*, 2° sér., X (1896), p. 20-206.

7. Th v. Riemsdijk. *De register van Gerard Alewijnszom : Verslagen en mededeelingen der k. Akademie van wetenschappen* (Amsterdam), *Afdeeling letterkunde.* 1890, in-8, 69 p.

8. S Muller. *Bijdragen voor een oorkondenboek van het sticht Utrecht.* 'sGravenhage, alg. Landsdrukkerij, 1890, in-4°, 69 p.

9. N. van Werveke. *Étude sur les chartes luxembourgeoises du moyen âge : Publications de la section historique de l'Institut de Luxembourg*, XLI, p. 1-264.

10. Hans Olrik. *Deux documents de 1230 concernant des privilèges accordés aux moines de Clairvaux par le roi Valdemar II* (traduct. de M. E. Beauvois.) Copenhague, 1895, in-8 [Extr. des *Mémoires de la Soc. royale des Antiquaires du Nord*, 1894).

diplômes accordés aux moines de Clairvaux par le roi Valdemar II, tous deux identiques, dont l'un est conservé aux Archives de Danemark et l'autre aux Archives de l'Aube, ne portent pas le même sceau, c'est que l'un est authentiqué du sceau de Valdemar II, et l'autre du sceau de Valdemar le Jeune, fils du précédent, et couronné du vivant de son père.

En Angleterre, ont paru un très grand nombre de recueils et de catalogues de chartes. Mais le nombre des études de diplomatique semble avoir été assez restreint. Il faut citer cependant le Manuel de M. Earle [1] sur les documents de la période anglo-saxonne. M. Canham [2] a étudié les chartes suspectes de l'abbaye de Crowland et conclu que, si elles sont rajeunies dans leur forme, le fond en est authentique. A propos d'un mémoire de M. Luchaire sur le traité *de seneschalcia Franciæ* de Hugues de Clers, M. L. Delisle [3] a critiqué deux chartes de Henri II, roi d'Angleterre, l'une attribuée à 1157 et relative à la garde de l'abbaye de Saint-Julien de Tours et à la charge de sénéchal de France, l'autre de 1160 ayant pour objet la confirmation des possessions normandes de la même église : la première est fausse.

III

La sigillographie, ou sphragistique, ne rentre que subsidiairement dans la diplomatique ; car par certains côtés elle se rattache à l'archéologie proprement dite. Elle donne lieu à de si nombreux travaux qu'elle exigerait une bibliographie spéciale. Nous ne donnerons donc ici qu'un aperçu des livres et mémoires dont elle a été l'objet de 1888 à 1897.

Lecoy de la Marche [4] a présenté un résumé élégant et clair des connaissances acquises sur les sceaux du moyen âge. Le livre analogue de M. Seyler [5], qui a eu surtout en vue la sigillographie allemande, est d'une lecture moins agréable, mais il se distingue par l'abondance des renseignements précis. Citons encore un discours de M. F. de Segarra [6] sur l'importance de la sphragistique comme

1. J. Earle. *A Handbook to the Land Charters and other Saxonic documents.* Oxford, Clarendon press, 1888, in-8, cxiv-520 p.

2. A. S Canham. *On the charters of Crowland abbey* : Brit. Arch. Ass. 15190 aut. lith. 25190, 120.

3. *Journal des Savants*, 1897, p. 316-318.

4. Lecoy de la Marche. *Les sceaux.* Paris, Quantin (1889), in-8o, 320 p. (*Bibliothèque de l'enseignement des beaux-arts*).

5. Gustav A Seyler. *Geschichte der Siegel.* Leipzig, Friesenbahn (1895), in-8o, viii-383 p. (*Illustrierte Bibliothek der Kunst und Kulturgeschichte.*)

6. *Discursos leídos ante la Real Academia de buenas letras de Barcelona, en la recepcion pública del señor don Fernando de Segarra y de Siscar, el dia 15 de junio de 1890.* Barcelona, impr. de J. Jepús, 1890, in 8o, 60 p.

science auxiliaire de l'histoire, et un article de M. E. Travers [1]. On doit rappeler que toutes les revues numismatiques contiennent des études de sigillographie.

Les nombreuses et intéressantes monographies de M. G. Schlumberger, sur les bulles byzantines, qui forment comme un supplément à sa *Sigillographie byzantine*, ont été réunies, avec d'autres mémoires archéologiques, dans un volume de *Mélanges* [2].

La sigillographie française n'a donné lieu dans la période qui nous occupe qu'à deux recueils d'ensemble, l'un consacré à la reproduction des sceaux de villes [3], l'autre au catalogue des sceaux royaux [4]. M. C. Couderc [5] a dressé l'inventaire d'empreintes de sceaux conservées dans un volume du département des manuscrits de la Bibliothèque nationale. M. Deloche a poursuivi ses études sur les anneaux sigillaires de l'époque mérovingienne [6].

Le mémoire de M. E. Babelon [7] sur la glyptique à l'époque mérovingienne et carolingienne se rattache à la sigillographie : les pierres où sont représentés les bustes des empereurs et rois Louis le Pieux, Lothaire, Charles le Chauve, Carloman, Charles le Gros et Charles le Simple, et insérées dans leurs sceaux, ont été gravées du temps même de ces souverains. M. Roserot a décrit les sceaux carolingiens des Archives de la Haute-Marne [8]. On trouvera dans l'iconographie de Charlemagne par M. P. Clemen une étude sur les sceaux de cet empereur [9].

1. Émile Travers. *Les sceaux à propos d'une récente publication*. Paris, Picard, 1890, in-8°, 18 p. (Extr. du *Bulletin monumental*, 6ᵉ s., t. VI.)
2. Gustave Schlumberger. *Mélanges d'archéologie byzantine. Première série.* Paris, Leroux, 1895, in-8, 342 p.
3. *Répertoire des sceaux des villes françaises dont l'inventaire et la description par M. Douët d'Arcq ont été publiés sous la direction des Archives nationales en 1861, 1867 et 1868, photographiés par* Stéphane Geoffroy. Paris, impr. Noizette (mai 1891), in-4°, 51 p.
4. Ph. de Bosredon. *Répertoire des sceaux des rois et reines de France et des princes et princesses des trois races royales de France.* Périgueux, impr. de la Dordogne, 1893, in-4°, xii-248 p.
5. C. Couderc. *Inventaire d'une collection d'empreintes de cachets et de sceaux.* (*Bibl. Nat. Cabinet des Titres, vol. relié, 1468*) : *Le Manuscrit*, 1894, p. 187.
6. M. Deloche. *Études sur quelques cachets et anneaux de l'époque mérovingienne. Revue archéolog.*, 3ᵉ série, t. XI, p. 23-28, 296-302 ; t. XII, p. 175-183 ; t. XIII, p. 38-49, 308-316 ; t. XIV, p. 145, 399-322 ; t. XV, p. 1-7, 177-186, 321-333 ; t. XVI, p. 365-389 ; t. XVII, p. 268-278 ; t. XVIII, p. 1-11, 273-279, etc.
7. Ernest Babelon. *La glyptique à l'époque mérovingienne et carolingienne.* Paris, impr. nat., 1895, in-8°, 32 p. (Extrait des *Comptes rendus de l'Acad. des Inscriptions*.)
8. A. Roserot. *Notice sur les sceaux carolingiens des archives de la Haute-Marne.* Joinville, impr. de A. Rousstiel, 1892, in-8, 20 p.
9. P. Clemen. *Die Portraitdarstellungen Karls des Grossen.* Aachen, Cremer, 1890, in-8.

Dans un intéressant mémoire, M. L. de Grandmaison[1] a établi que les Archives de Saint-Martin de Tours ont possédé des diplômes de Louis le Pieux, de Charles le Chauve et d'Otton III munis de bulles d'or, et subsidiairement que les diplômes de Charles le Chauve portant dans la souscription le mot *Leginus* en cinabre ont été scellés de bulles d'or. D'autres sceaux et bulles de plomb des souverains carolingiens ont été décrits dans les ouvrages relatifs à la sigillographie impériale allemande que nous citerons plus loin.

Quant aux monographies relatives soit à des provinces, soit à des villes, soit encore à des seigneurs ou personnages français, nous nous contenterons de donner une liste alphabétique des plus importantes de ces monographies[2].

1. L. de Grandmaison. *Les bulles d'or de Saint-Martin de Tours*: *Mélanges Julien Havet*, p. 111-129.

2. L. Deschamps de Pas. *Description de quelques sceaux-matrices relatifs à l'Artois et à la Picardie* : *Mémoires de la Société nat. des Antiquaires de France*, t. XLIX, p. 239-335, pl. XX-XXVI. — Comte de Marsy. *Le prétendu sceau de saint Audebert* : *Bullet. de la Soc des Antiquaires de France*, 1891, p. 227-231. — Victor Bouton. *Le sceau de Pierre Cauchon* : *Annales de la Soc. d'archéolog e de Bruxelles*, I V, p. 299-300, pl. en héliograv. — Ph. de Bosredon. *Observations au sujet d'un sceau attribué à Étienne du Anthier* : *Bullet. de la Soc. archéolog. et histor. du Limousin*, XLI, p. 581-584. — L. Duval. *Sceau d'un prieur de Saint-Martin du Vieux-Bellême* : *Bullet. de la Soc. des Antiquaires de France*, 1895. p. 112-113. — J. Roman. *Sceau de Philibert de Beaujeu, évêque de Bethléem* : *Bulletin de la Soc. des Antiquaires de France*, 1895, p. 117-118. — Vacandard. *Le sceau de saint Bernard déposé au Musée des antiquités de Rouen* : *Précis analytique de l'Académie des sciences de Rouen*, 1893-94 (1895 , p. 277-288. — G. Vallier. *Sigillographie de l'ordre des Chartreux et Numismatique de saint Bruno*. Montreuil-sur-Mer, impr. Notre-Dame-des-Prez, 1891, in-8, XXVI-311 p., 54 pl. — Prou. *Sceau de la léproserie de Corrbuisson* : *Bullet. de la Soc. des Antiquaires de France*, 1896, p. 149-150. — Vicomte de Caix de Saint-Aymour. *Sceau de la prévôté foraine de Crépy-en-Valois*, en 1401 : *Comité archéolog. de Senlis*, 1893, p. 33-39. — Roman. *Sceau de Jean Dalée, avocat du duc d'Orléans au siège de Tours* : *Bulletin de la Soc. des Antiquaires de France*, 1890, p. 135-136. — J. Roman. *Sigillographie des gouverneurs du Dauphiné* : *Mémoires de la Soc. nat. des Antiquaires de France*, XLVIII, p. 1-19. — J. Roman. *Sceau de Bérault IV, comte dauphin d'Auvergne, gouverneur du Dauphiné* : *Bulletin de la Soc. des Antiquaires de France*, 1895, p. 131-132.— *Empreinte d'un sceau de la ville de Dijon. Rapport de M. Chabouillet sur une communication de M. Paul Parfoura* : *Bullet. archéolog. du Comité des Travaux histor.*, 1888, p. 256-258. — Charles Préau. *Numismatique française. Sceau inédit de l'église paroissiale de Saint-Pierre de Dreux*. Bruxelles, impr. de Gobbaerts, 1888, in-8. (Extr. de la *Revue belge de numismat.*, 1889.) — J Roman. *Bulle d'Othon, évêque élu de Gap* (XIIIe siècle) : *Bullet. archéolog. du Comité des Travaux historiques*, 1888, p. 89-90. — Paul La Plagne Barris. *Sceaux gascons du moyen âge* (gravures et notices), publiés pour la Société historique de Gascogne par la commission des Archives historiques. Ire partie. *Sceaux ecclésiastiques, sceaux des rois de Navarre et des grands feudataires* : IIe partie. *Sceaux des seigneurs* ; IIIe partie. *Sceaux des villes, sceaux de justice, sceaux des bourgeois*. Supplément. Paris, Champion, 1888, 1889, 1892, in-8 (Archives historiques de la Gascogne, fascicules XV, XVII et XXII.)— H. Stein. *Quelques sceaux inédits du Gâtinais* : *Annales de la Soc. histor. et archéolog. du Gâtinais*, 1895, p. 267-273. — Ph. de Bosredon. *Notes pour servir à la sigillographie du département de la Haute-Vienne.*

Plusieurs revues de sphragistique et d'héraldique paraissent dans les pays de langue allemande [1], dont nous ne saurions donner ici

Limoges, Ducourtieux, 1892, in-8. — De Villenoisy, *Bulle en plomb aux noms du dauphin et de l'évêque de Grenoble*: *Bulletin de la Société des Antiquaires de France*, 1895, p.156-157. — Brussard, *Un sceau de la justice d'Irigny*: *Bulletin de la Diana*, VII, p. 342-344 pl. — Bertrand de Broussillon et Paul de Farcy. *Sigillographie des seigneurs de Laval* (1095-1605). Mamers, Fleury ; Paris, Picard, 1888, in-8, 152 p. (*Commission histor. et archéolog. de la Mayenne*. Appendice au tome V.) — J. Chappée. *Le sceau de Guillaume de Laval* : *Revue histor. et archéolog. du Maine*, XXXVII, p. 218-219. — Lefebvre. *A propos d'un sceau du duc Simon II [de Lorraine]*: *Journal de la Société archéolog. Lorraine*, 1894, p. 3 6. — P. de Farcy. *Sceau d'Adam, Chastelain, évêque du Mans* (1413): *Union historique et littéraire du Maine* 1894. p. 151. — Alfred Barbier. *Le sceau de Jacques Turpin de Crissé, seigneur de Montoiron* (1532-1536): *Bullet. de la Soc. des Antiquaires de l'Ouest*, 2ᵉ s. VI (1892-94), p 316-318 — Léo Desaivre. *Notice historique sur le scel communal, les armoiries et les cachets principaux de la ville de Niort*. Saint-Maixent, imp. Reversé, in-8, 36 p., 4 pl. (Ext. des *Mémoires de la Soc. de statistique des Deux-Sèvres*.) — L. Dumuys. *Sceaux et contre-sceaux de Guillaume de Bussy et de Milon de Chailly, évêque d'Orléans, et du chapitre de Sainte-Croix* : *Bullet. de la Soc. archéolog. et histor. de l'Orléanais*, XI, p. 452-455. — Vicomte de Souancé. *Sigillographie des anciens comtes du Perche* : *Documents sur la province du Perche*, in-8, 15 p., 8 pl. — Ph. de Bosredon. *Sigillographie du Périgord*. 2ᵉ édition. Brives, impr. de Roche, 1891, in-4°. — Ph. de Bosredon. *Note sur deux sceaux périgourdins*. [Jean d'Asside, évêque de Périgueux, 1168 ; Henri de Navarre, comte de Périgord, 1606]: *Bullet. de la Soc. hist. et archéolog. du Périgord*, 1894, p. 135-140, pl. — Abbé A. Bouillet. *Note sur un sceau du XIIIᵉ siècle*. Saint-Maixent, impr. Reversé, 1889, in-8, 11 p. (Extr. de la *Revue poitevine et saintongeaise*, 1889). — Gust. Saige. *Sceaux extraits du Trésor des chartes du comté de Rethel*. Monaco, 1889, in-4. — Elie Carvès. *Sceau inédit de la justice de Rochecorbon*: *Bullet. de la Société histor. et archéolog. du Périgord*, XV (1888), p. 120. — Ch. de Pas. *Sceaux de Jacques de Douai et de Pierre d'Aire, moines de l'abbaye de Saint-Bertin*: *Bullet. de la Soc. des Antiquaires de Morinie*, IX, p. 458-463. — L. Quintard. *Sigillographie de Saint-Dié*. *Sceau du chanoine Schère* (XIIIᵉ s.): *Bullet. de la Soc. philomathique vosgienne*, 21ᵉ année, p. 235-237. — Dʳ Danchez. *Essai de sigillographie. Saint Luc patron des anciennes facultés de médecine*. Paris, Poussielgue 1894, in 8, p. 35. — Louis Levêque. *Inscriptions de la ville de Saint-Maixent du Xᵉ au XIXᵉ siècle* : *Mémoires de la Soc. de statistique du départ. des Deux-Sèvres*, 3ᵉ série, VIII, p. 233-352. [Sceaux, p. 331-340.] — Paul Laurent. *La collection de sceaux de Salm aux Archives nationales* : *Revue histor. ardennaise*, I (1894), p. 221-230. — Vicomte de Caix de Saint-Aymour. *Sceau de Pierre Poncin, chantre de Senlis* : *Comité archéolog. de Senlis*, 1893, p. 33-39. — G. Julliot. *Fragments de sigillographie sénonaise*: *Bullet. de la Soc. archéol de Sens*, XV (1892), p. 65-100, 1 pl. — Paul de Vayer. *Sceau baronnial de Touvoie aux armes de Louis de Bourbon, évêque du Mans* (1519-1528) : *Revue histor. et archéolog. du Maine*, XXXVII, p. 283-287. — Mgʳ X. Barbier de Montault. *Le sceau aux indulgences de l'ordre des Trinitaires* : *Bullet. de la Soc. des Antiquaires de l'Ouest*, 2ᵉ s., VI (1892-94), p. 352-365. — Pierre Dony. *Monographie des sceaux de Verdun avec les documents inédits qui s'y rapportent*. Verdun, Laurent, 1890 in-4°, 148 p., 26 pl

1. *Der deutsche Herold. Zeitschrift für Wappen-Siegel und Familienkunde. Herausgegeben vom Verein « Herold » in Berlin*. Berlin, Heymann, in 4°. — *Jahrbuch der k. h. heraldischen Gesellschaft « Adler »*. *Unter der Leitung des Präs*. Ed. Gaston Pöttickh Grafen von Pettenegg red. v. Jos. Klemme. *Neue Folge*. Wien, in-4°. — *Numismatisch-sphragistischer Anzeiger Zeitung für Münz-Siegel, und Wappenkunde. Organ des Münzforscher-Vereins zu Hannover. Herausgegeben* von Friedrich Tewes. Hannover, gr. in-8.

le dépouillement. M. Hupp [1] a entrepris un recueil des armoiries et
sceaux des villes et villages allemands, dont le premier fascicule est
consacré à la Prusse et au Brandebourg. Très important, surtout
pour la sigillographie de la maison de Wittelsbach, est le catalogue
dressé par M. Primbs [2] des sceaux des archives d'État de la Bavière.

On doit à M. J. von Schlosser [3] le catalogue de la collection de
sceaux de la maison impériale d'Autriche, et à M. O. Posse [4] une
étude sur les faux de la collection formée au XVIII° siècle par Franz
Paul von Smiter.

On a publié le catalogue, dressé par Geib [5], des sceaux et bulles
des rois et empereurs allemands de Charlemagne à Frédéric I°, conservés dans les archives d'État de Munich. La description des sceaux
est précédée de considérations générales dont les chapitres les plus
intéressants sont ceux qui concernent l'emploi des pierres gravées
pour sceller les actes. Parmi les bulles décrites nous en signalerons
une de Charles le Gros avec la légende *Renovatio regni Francorum*.
E. Winkelmann [6] a signalé un sceau de Frédéric II, qui, s'il est authentique, serait le plus ancien sceau d'un souverain allemand pour
le royaume de Sicile. Les deux sceaux de juges royaux du XIII° siècle

1. *Die Wappen und Siegel der deutschen Städte, Flecken und Dörfer, nach amtlichen und archivalischen Quellen, bearbeitet von* Otto Hupp. I Heft. Frankfurt a. M., Keller, 1896, in-fol., XI-52 p.

2. Karl Primbs. *Entwicklung des Wappens der Wittelsbacher* : *Archivalische Zeitschrift*, N. F., I, p. 65-105. — *Siegel der Wittelsbacher in Bayern bis auf Max III Joseph* : *Archivalische Zeitschrift*, N. F., II, p. 2-26. — *Nachlese zu den Siegeln des Hauses Wittelsbach im allgemeinen Reichsarchive* : *Archivalische Zeitschrift*, N. F., III, p. 156-175. — *Wanderung durch die Siegel des deutschen und namentlich bayerischen Adels aus der Sammlung von Metallabgüssen im allgemeinen Reichsarchive* : Ibid. — *Wanderung durch die Siegel deutscher und vorzugsweise bayerischer Städte und Genossenschaften aus der Sammlung von Metallabgüssen im allgemeinen Reichsarchive* : Ibid., p. 245-256. — *Nachtrag zu den drei Abtheilungen der* in *V, VI, VII, behandelten Siegel* : Ibid., 257-281. — *Die Siegelstempel-Sammlung im bayerischen allgemeinen Reichsarchive* : Ibid., N. F., IV, p. 235-251. [Cf. les vol. X, XI et XII de l'*Archiv. Zeitschrift* parus de 1885 à 1887.]

3. Julius von Schlosser. *Die sphragistische Sammlung des allerhöchsten Kaiserhauses* : *Mittheilungen des Instituts für œsterreichische Geschichtsforschung*, XII, p. 297-303.— Du même. *Typare und Bullen in der Münz-, Medaillen- und Antikensammlung des allerhö-chsten Kaiserhauses* : *Jahrbuch der kunsth. Sammlungen des allerh. Kaiserhauses*, XIII, p. 37-54, pl. II.

4. O. Posse. *Typarfälschungen in der von Smiterischen Siegelsammlung des k. und k. Haus-, Hof- und Staatsarchives zu Wien* : *Mittheilungen des Instituts für œsterreich. Geschichtsforschung*, XIV, p. 488-491.

5. *Siegel deutscher Könige und Kaiser von Karl dem Grossen bis Friedrich I m allgemeinen Reichsarchive. Aus dem Nachlasse des Kreisarchivars Eduard Geib in München* : *Archivalische Zeitschrift*, N. F., II, p. 38-183 ; III, p. 1-20.

6. E. Winkelmann. *Ein Siegelstempel Kaiser Friedrichs II* : *Mittheilungen des Instituts für œsterreich. Geschichtsforschung*, XV, p. 485-488.

publiés par M. L. Baumann[1] sont remarquables par leur légende en allemand. Le Dr L. Korth[2] a fait connaître le grand
sceau de Rodolphe IV d'Autriche, en cire rouge, appendu à un acte
du 25 mai 1363. Un sceau d'un tribunal de paix, au nom du roi Wenceslas, a été publié par M. A. Schulte[3].

M. Korth a publié deux bulles d'or impériales, l'une de l'empereur
Sigismond (1434), l'autre de l'empereur Frédéric III (1452)[4].

Nous donnerons ici la liste alphabétique des principales publications sigillographiques relatives aux villes, seigneurs laïques et ecclésiastiques, etc., des pays allemands[5].

1. Ludwig Baumann. *Zur Geschichte des königlichen Hofgerichts* :*Zeitschrift
für die Geschichte des Oberrheins*, N. F., IV (1889), pp. 70 et 392.

2. Dr Leonard Korth. *Das grosse Reitersiegel des Erzherzogs Rudolf IV von
Oesterreich. Mit Abbildung* : *Zeitschrift für christliche Kunst*, I (1888), col. 207-
210.

3. Aloys Schulte. *Ein Siegelstempel König Wenzels* : *Zeitschrift für die
Geschichte des Oberrheins*, N. F., V (1890), p. 129.

4. Korth. *Die goldene Bulle des Kaisers Sigismunds* : *Zeitschrift für christliche
Kunst*, I, col 41 42. — Du même, *Gold'ene Bulle des Kaisers Friedrich III* : Ibid.,
p. 51.

5. F. Küch. *Die älteren Düsseldorf. Schöffensiegel* : *Jahrbuch des Dussel-
dorfer Geschichtsvereins*, IX, p. 1-16.— Th. Heinrich. *Die Siegel und Wappen der
Stadt Görlitz* : *neues lausitzisches Magazin*, LXVI ou LXVII. — A. von Jaksch.
Die ältesten Siegel der Bischöfe und des Capitels von Gurk : *Mittheilungen
der dritten (Archiv-)section der k. k. Central-Commission für Kunst und hist.
Denkmale*, II, p. 127-140. — F. Voigt. *Das ehemalige Amtssiegel des hambur-
gischen Amtes Ritzebüttel* : *Mittheilungen des Vereins für hamburgische Geschichte*, I (1893-94), p. 57-59 ; *Das ehemalige Ritzebütteler Landessiegel* : Ibid.,
p. 315. — Dr Anton Mell. *Judenburger Haus-, Hof- und Siegelmarken* : *Mittheilungen der k. k. Central-Commission zur Erforschung und Erhaltung der kunst-
und hist. Denkmale*, N. F., XXII (1896), p. 21-30, 1 pl. — Röhl. *Siegelstempel Joach.
Friedrich's vom Liegnitz-Brieg* : *Schlesiens Vorzeit, Zeitschrift des Vereins für
das Museum schles. Alterthümer*, V, p. 268. — Steph. Beissel. *Das Siegel des Main-
zer Domkapitels aus dem XIII. Jahrhundert. Mit Abbildung* : *Zeitschrift für
christliche Kunst*. II, col. 381-383. — *Abbildungen oberrheinischer Siegel.
Herausgegeben von der historischen und antiquarischen Gesellschaft zu Basel*.
Basel, Reich, 1896, in-4, 25 p. 19 pl. en phototypie. — O. Von Heinemann. *Noch
einmal der älteste Sangerhäuser Stadtsiegel* : *Zeitschrift des Harz-Vereins*,
XXV, p. 256-262. — E. Röhl. *Ueber das Bildnissiegel der schlesischen Fürsten
im 13-14. Jahrhundert* : *Zeitschrift des Vereins für Geschichte und Alterthum
Schlesiens*, XXVI, p. 282-318. — Bernhard Engel. *Die mittelalterlichen Siegel des
Thorner Rathsarchivs mit besonderer Berücksichtigung des Ordenslandes.
Erster Theil. Ordensbeamte und Städte. Mit 149 Siegelzeichnungen auf 8 Tafeln;
Zweiter Theil. Privatsiegel mit Ausschluss der rein polnischen. Mit Abbildungen
von 241 Siegeln und 79 Hausmarken auf 5 Tafeln*. Thorn, Lambeck, 1894-95,
in 4°, vii-20 p., 8 pl. lithogr. ; x-27 p., 5 pl. litogr. (*Mitteilungen des Coppernicus-
Vereins*, IX et X.) — F. N. W. *Das schwarze Siegel der Familie Wernberg* : *Das
Bayerland, illustr. Wochenschrift*, V, p. 471. — Th. Ilgen. *Die westfälischen
Siegel des Mittelalters. III Die Siegel der geistlichen Corporationen und der Stift-,
Kloster- und Pfarr-Geistlichkeit* ; VI. 1. *Die Siegel von Adligen, Bürgern und
Bauern des Bisthum Münster und angrenzender Gebiete*. VI. 2. *Die Siegel von
Adligen, Bürgern und Bauern der kurkölnischen Landesteile und der Grafsch.
Mark*. Münster Regensberg, 1889, 1894, 1897, in-fol. 36 p., 41 pl., 4 p. 41 pl.

Pour les Pays-Bas nous ne citerons que l'article de M. Nahuys [1] sur les sceaux des béguines de Diest, et celui de M. Schaak [2] sur un sceau de l'abbaye d'Echternach. Les sceaux polonais ont donné lieu à une publication de MM. Piekosinski et Diehl [3]. En 1889 a paru le catalogue des sceaux conservés dans les archives royales de Hongrie, section diplomatique [4]. On doit à M. Urechia des esquisses de sigillographie roumaine [5].

En Suisse, la revue intitulée *Archives héraldiques* [6] contient des études sigillographiques. Un recueil de sceaux a été publié comme appendice à l'*Urkundenbuch* de Zurich [7]. Neuf sceaux ont été reproduits dans un mémoire [8] sur l'acte original de la ligue conclue en 1351 entre Zurich et les quatre Waldstätten.

Pour la sigillographie italienne, M. Schmitz-Rheydt [9] a fait connaître deux matrices de bulles au nom d'Innocent IV, trouvées à Cologne, et dont l'empreinte n'est semblable à aucun des types connus.

38 pl. en phototypie. — *Die Siegel der Wettiner bis 1324 und der Landgrafen von Thüringen bis 1247. Herausgegeben von Dr Otto Posse... Nach den photographischen Aufnahmen Herausgebers in Lichtdruck ausgeführt :* 2 *Die Siegel der Wettiner von 1324-1486 und der Herzoge von Sachsen-Wittenberg und Kurfürsten von Sachsen aus askanischem Geschlecht.* Leipzig, Giesecke und Devrient, 1889-94, in-fol., 20 p., 15 pl., x-74 p., 18 pl. — Brandis *Das Siegel d Dompropst Otto d. A. Gf. v. Woldenbg* 1890. — Ed. Heyck. *Urkunden. Siegel und Wappen der Herzoge von Zähringen. Mit 4 Lichtdrucktafeln und einer Abbildung im Text.* Freiburg i B., Mohr, 1892, gr. in-8, xII-39 p., 4 pl. — E. Neubauer. *Zur Geschichte des Zerbster Stadtsiegels : Mittheilungen des Vereins für anhaltische Geschichte* VII, p. 223-229.

1. Graaf Maurin Nahuys. *Zegels van het dietsche Begijnenhof : Dietsche Warande,* N. R., IV (1891), p. 381-398.

2. Schaak. *Un ancien sceau de l'abbaye d'Echternach : Publications de la section histor. de l'Institut grand-ducal de Luxembourg,* XLIV, p. 317-320.

3. F. Piekosinski et E. Diehl. *Pieczecie polskie wiekow srednich : Sprawozdanie komisyi do badania historyi sztuki w Polsce,* VI Zeszyt I. Krakow, 1897. [Sceaux polonais du moyen âge : Comptes rendus de la Commission de l'histoire de l'art en Pologne, t. VI, fasc. I.]

4. *A Magyar kiralyi orszagos Levéltar diplomatikai osztalyaban őrzott pecsetek mulatoja. Tizenket fenynyomatu tablaval. Kiadja az orszagos levéltar.* Budapest, az Athenæum R. tars. könyvnyomdaja, 1889, in 4o.

5. [V. A. Urechia.] *Schite de sigilografie romaneasca.* Bucuresci, 1891, in-fol.

6. *Archives héraldiques suisses. Organe de la Société suisse héraldique paraissant à Neuchatel,* in-4o.

7. *Sigelabbildungen zum Urkundenbuch der Stadt und Landschaft Zürich. Herausgegeben von der Stiftung Schnyder von Wartensee in Zürich, bearbeitet von Dr. P. Schweizer und Dr. H. Zeller-Werdmüller. In Lichtdruck von J. Brunner in Winterthur.* Zürich, Höhr, in-fol, 1891-95.

8. P. Schweizer. *Das wiederaufgefundene Original des ewigen Bündnisses zwischen Zürich und den vier Waldstätten von 1 mai 1351,* Zürich, Fäsi und Beer, 1891, in-4°, 18 p.

9. Ludwig Schmitz-Rheydt. *Ein Bullenstempel des Papstes Innocenz IV. Mit einer Tafel. : Mittheilungen des Instituts für œsterreich. Geschichtsforschung,* XVII, p. 64-70.

M. Primbs [1] a réuni quelques bulles de plomb pontificales du xive au xvie siècle dont le champ est semé de figures héraldiques. M. Philippi [2] a signalé une bulle d'or de Pie V pendue à une lettre du 27 septembre 1780 conservée aux archives d'État de Münster. M. Scagliosi [3] a consacré un mémoire à quelques sceaux remarquables de la Vaticane. M. Cadier [4] a décrit et fait reproduire les bulles d'or des rois de Sicile Frédéric II, Charles Ier, Charles II, Frédéric III, Robert, Jeanne, Alfonse Ier et Ferdinand Ier, conservées aux Archives du Vatican. Citons encore les livres de M. Malaguzzi-Valeri [5] et de M. Cecchetti [6], un mémoire de M. Gloria [7], les notices de MM. Salinas [8] et Baccolini [9].

M. Petersen [10] a formé un recueil des sceaux danois.

En Angleterre, M. Birch [11] a dressé le catalogue des sceaux conservés au British Museum. M. Delaville Le Roulx [12] a donné un supplément à la liste des sceaux des prieurs anglais de l'ordre de l'Hôpital qu'il avait publiée dans le premier volume des *Mélanges de l'École de Rome*.

1. Karl Primbs. *Mittheilungen über Papstbullen mit heraldischen Andeutungen* : *Archivalische Zeitschrift*, N. F , V, p. 102-108, p. 284-285.
2. F. Philippi. *Eine päpstliche Goldbulle* : *Mittheilungen des Instituts für œsterreich. Geschichtsforschung*, XIV, p. 126-128
3. Nicola Scagliosi. *Di alcuni notevoli sigilli contenuti nella collezione sfragistica della Biblioteca Vaticana*, in-fol, 16 p , 1 pl. en phototypie : *Al sommo pontefice Leone XIII maggio giubilare della Biblioteca Vaticana*, Roma, 1888, in-fol.
4. L. Cadier. *Études sur la sigillographie des rois de Sicile*. 1, *Les bulles d'or des Archives du Vatican* : *École franç. de Rome, Mélanges*, 1888 p. 147-186, pl. I à III.
5. J. Malaguzzi-Valeri. *I sigilli dei comuni dell' Appennino modenese*. Bologna, Zamorani, 1896, in-16, 15 p.
6 B. Cecchetti. *Archivio di stato in Venezia. Bolle dei dogi di Venezia, secoli XII-XVIII*. Venezia, tip. di P. Naratovich, 1888, in-16 obl., 37 p., 17 pl. en phototypie.
7. A. Gloria. *I sigilli della Università di Padova dal 1222 al 1797* : *Atti d'Istituto veneto*, 7e s., VII, (1896).
8. A. Salinas. *Sigillo greco di un Mansone patrizio e doge di Amalfi* : *Archivio storico per le provincie Napoletane*, XIX, 1894, fasc. 4.
9. A. Baccolini. *Notizie sui sigilli dei notai bolognesi*. Bologne, Monti, 1894.
10. H. Petersen. *Danske adelige Sigiller fra Middelalderen*. 3-5. Kjöbenhavn. C. A. Reitzel, 1893-1895, in-fol., 8 p. à 2 col., 10 pl., 12 p. à 2 col., 10 pl.
11. W. G. de Birch. *Catalogue of seals in the department of manuscripts in the British Museum*. Vol. I et II. London, by the orders of the trustees, 1887-92, gr. in-8, p. p.
12. J. Delaville Le Roulx. *Des sceaux des prieurs anglais de l'ordre de l'Hôpital aux XIIe et XIIIe siècles. Note complémentaire* : *École franç. de Rome, Mélanges*, 1887, p. 59-61.

www.ingramcontent.com/pod-product-compliance
Lightning Source LLC
Chambersburg PA
CBHW052136090426
42741CB00009B/2100